Soi Diamantopoulou
Nina Lindberg

Neugriechisch

für Anfänger

Max Hueber Verlag

Wichtiger Hinweis

Zu diesem Lehrbuch haben wir Begleitmaterialien entwickelt, mit deren Hilfe Sie Ihren Lernerfolg beträchtlich steigern können. Wir möchten Ihnen deshalb hier einen Überblick geben:

Das **Arbeitsbuch** (Hueber-Nr. 1.5121)
ist als Lernhilfe unentbehrlich. Sie sollten es unbedingt parallel zum Lehrbuch benutzen. In zahlreichen Übungen wird der Stoff einer jeden Lektion noch einmal aufgegriffen. So prägen Sie sich Wortschatz und Grammatikstrukturen viel leichter und ohne stures Auswendiglernen ein. Hier finden Sie auch in einer systematischen Gesamtübersicht die im Lehrbuch behandelte Grammatik mit zusätzlichen Erläuterungen. Ein alphabetisches Wortschatzverzeichnis ermöglicht Ihnen das schnelle Auffinden von Vokabeln.

Die **Compact-Cassetten** (Hueber-Nr. 2.5121)
schulen Ihr Hörverständnis und machen Sie mit der gesprochenen Sprache vertraut. Sie hören sämtliche Lektionstexte, können an entsprechenden Übungen Ihre Aussprache und Ihr Hörverständnis verbessern und trainieren gleichzeitig Ihre Sprechfertigkeit.

Der **Schlüssel** (Hueber-Nr. 5.5121)
enthält die Lösungen zum Lehrbuch und zum Arbeitsbuch. Er ermöglicht Ihnen die Selbstkontrolle Ihrer Arbeit zu Hause.
Ihr Buchhändler zeigt Ihnen diese Begleitmaterialien gerne oder besorgt Sie Ihnen kurzfristig.

Inhalt

Vorwort

Neugriechisch ist ein Lehrbuch, in dem Kommunikation Grundprinzip ist. Ob allein oder in der Gruppe: Sie lernen Griechisch, indem Sie von Anfang an auf griechisch kommunizieren. Beim Selbststudium ist die Kassette Ihr Gesprächspartner.

In der Gruppe erweitert sich **Neugriechisch** zum Leitfaden eines kommunikativen Unterrichtsansatzes.

Das Lernziel

Neugriechisch befähigt Sie zur sprachlichen Bewältigung typischer Alltagssituationen, wie Sie sie als Reisender in Griechenland erleben können. Sie lernen das Begrüßen, Vorstellen, Fragen, Bestellen usw.

Einige einfache Lesetexte bringen Ihnen Land, Leute und Kultur näher. Aktuelle Probleme (EG-Beitritt, Emigration und Umweltsituation) bleiben dabei nicht ausgespart.

Methodik und Materialien

Der Einstieg in die griechische Sprache und Schrift wird durch ein vielfältiges Instrumentarium unterstützt:

- Durch die *Kassette,* die eine unbedingte Voraussetzung für eine sinnvolle Arbeit mit dem Lehrwerk ist. Sie hören die Texte von griechischen Sprechern, was eine wichtige Hilfe beim Erlernen der Aussprache und Betonung bedeutet.
- Durch umfangreiche *Illustrationen* zur Verdeutlichung des Textinhaltes, zur Visualisierung des Wortschatzes, zur landeskundlichen Information und als Sprechanlaß und Übungsmöglichkeit.
- Durch *kurze Texte in Dialogform,* die dem tatsächlichen Gesprächsverlauf in bestimmten Situationen entsprechen. Sie eignen sich besonders zum Nachsprechen und Nachspielen. Auf diese Weise sowie durch oftmalige Wiederholung der wichtigsten Redewendungen schleifen sich grundlegende grammatikalische Strukturen und der Wortschatz ein.
- Durch eine *schrittweise Einführung* in die griechische Grammatik, die Ihnen an Hand von Beispielen und wenigen Regeln erklärt wird. Im Arbeitsbuch befindet

sich eine systematische Gesamtübersicht über die im Lehrwerk angesprochene Grammatik.

- Durch viele *mündliche und schriftliche Übungen* im Lehr- und Arbeitsbuch prägen sich Wortschatz, Satzstrukturen und Schrift ein. Zu Ihrer Kontrolle finden Sie die Lösungen zu allen Übungen im Schlüssel.

Und hier noch einige Tips für das Lernen zu Hause:

- Schlagen Sie die Lektion auf und betrachten Sie die Illustrationen zum Text. Versuchen Sie, sich den Inhalt der Texte vorzustellen. Klappen Sie dann das Buch wieder zu, und konzentrieren Sie sich ganz auf die Arbeit mit der Kassette.
- Hören Sie sich die auf Kassette gesprochenen Texte so oft an, bis Sie den Klang der griechischen Aussprache im Ohr haben. Versuchen Sie dann, Satz für Satz nachzusprechen, bis es Ihnen gelingt, die Aussprache der griechischen Muttersprachler möglichst naturgetreu nachzuahmen.
- Schlagen Sie nun das Buch wieder auf, hören Sie sich die Lektionstexte von der Kassette erst ganz und dann „portionsweise" an und lesen Sie mit. Lesen Sie die Passagen und Wörter, die Ihnen Schwierigkeiten machen so lange, bis Sie sie mühelos beherrschen.
- Nehmen Sie jetzt den Lektionswortschatz zu Hilfe, um den Inhalt des Textes eindeutig feststellen zu können.
- Gehen Sie dann zum Übungsteil über. Machen Sie alle mündlichen Übungen wie lesen, nachspielen, Hörverständnis üben, kombinieren, ordnen, zuordnen, unterscheiden, fragen und antworten.
- Das Kassettenzeichen bei Übungen gibt an, daß diese Übung unbedingt von der Kassette gehört werden sollte.
- Beachten Sie bitte bei den sogenannten „gelenkten Dialogen", daß Sie nicht die deutsche Übungsanweisung (z.B.: Begrüßen Sie die Dame.) übersetzen, sondern, daß ein bestimmter griechischer Ausdruck (z.B. καλημέρα) geübt werden soll.
- Kontrollieren Sie gleich Ihre Antworten mit Hilfe des Schlüssels.
- Widmen Sie sich dann den Übungen im Arbeitsbuch, die genau auf den Stoff der jeweiligen Lektion zugeschnitten sind. Besonders wichtig sind hier die ersten 10 Lektionen, die Sie schrittweise parallel zum Lektionstext in die griechische Schrift einführen. Auch hier ermöglichen Ihnen die Lösungen im Schlüssel die Kontrolle der Aufgaben.

Buchstaben - Laute - Satzzeichen

Buchstaben

Vokale

α, ε, η, ι, ο, υ, ω

Konsonanten

β, γ, δ, ζ, θ, κ, λ, μ, ν, ξ, π, ρ, σ (-ς), τ, φ, χ, ψ

Laute

Zwei Vokale: ein Laut

ει, οι, υι	= i	είναι, όλοι, γυιος (alte Form)
αι	= e	ναι
ου	= u	ούζο

Getrennt ausgesprochen werden manchmal:

οι (ό-ι) ρολόι αι (ά-ι) γάιδαρος

Zwei Konsonanten: ein Laut

μπ	= b	μπύρα
ντ	= d	ντουλάπα
γκ, γγ	= ng	αγγούρι

Ein Konsonant: zwei Laute

ξ, Ξ	ks	ξένος
ψ, Ψ	ps	ψάρι

Ist der 2. Vokal des Doppellautes betont, wird er getrennt gesprochen. Auf den 2. Vokal wird deshalb ein Trema (2 Punkte) gesetzt: αι (α-ί) το φαΐ

Zwei Möglichkeiten der Aussprache gibt es bei: αυ = aw und af αύριο, αυτοκίνητο; ευ = ew und ef φεύγω, ευχαριστώ.

Prägen Sie sich bitte ein:		
	η, ι, υ, ει, οι, υι	= i
	ο, ω	= o
	αι, ε	= e
	ου	= u

Satzzeichen

Nur Fragezeichen und Strichpunkt unterscheiden sich von den deutschen Satzzeichen.

; = ? · (hochgestellter Punkt) = ;

Das Betonungszeichen

Haben Sie die griechische Schrift schon einmal genauer betrachtet? Sie werden sicher festgestellt haben, daß es auf den Buchstaben verschiedene Zeichen gibt. Diese sind zum Teil Betonungszeichen (΄ ῀) sogenannte Hauchzeichen (᾿ ῾) oder auch eine Mischung aus beiden (῎ ῞ ῏ ῟). Die Hauchzeichen sind aus dem Altgriechischen übernommen worden. Sie bestimmten die Aussprache der Vokale und wurden im Neugriechischen beibehalten, obwohl sie heute keinerlei Funktion mehr für Aussprache und Betonung haben. Sehr zum Leidwesen der griechischen Kinder, die sich alle diese Zeichen in mühsamer Paukerei und jahrelangen Diktatübungen in der Schule einprägen mußten.
Seit Jahren hat es in Griechenland immer wieder Bestrebungen gegeben, hier eine Reform durchzuführen, d.h. Verzicht auf Hauchzeichen und Verwendung nur eines Betonungszeichens oder sogar totaler Verzicht auf sämtliche Zeichen. Einige Zeitschriften gingen vor einigen Jahren schon dazu über, nur das Betonungszeichen (΄) zu verwenden.
Am Anfang des Jahres 1982 wurde im Parlament ein Gesetz über die Vereinfachung der Betonungszeichen verabschiedet.

Auf Grund dieser Entwicklung und um dem Lernenden die griechische Schrift und Sprache einfacher zugänglich zu machen, verwenden wir in diesem Lehrwerk das sogenannte Ein-Akzent-System.

Sie finden an dieser Stelle eine kurze Übersicht über die wichtigsten Regeln, nach denen das Betonungszeichen gesetzt bzw. nicht gesetzt wird.

1. Dieses Zeichen (΄) gibt bei allen griechischen Wörtern die Silbe an, die betont wird.

2. Einsilbige Wörter bekommen kein Betonungszeichen. Als einsilbige Wörter gelten auch: μια (neben μία), για, γεια, πια, πιο, δυο (neben δύο), ποιος-ποια-ποιο (auch die abgeleiteten Formen: ποιοι-ποιες-ποια, ποιων, ποιους), γιος sowie Verbformen wie (να) πιω, (να) πιεις u. ä.

Ausnahmen: Der Akzent wird bei einsilbigen Wörtern zur Bedeutungsunterscheidung gesetzt. Z. B.:

ή = *oder* zur Unterscheidung von η = *die*
πού = *wo* (direkte und indirekte Frage) zur Unterscheidung von που = *der, die, das* (Relativpronomen)
πώς = *wie* (direkte und indirekte Frage) zur Unterscheidung von πως = *daß*

Um in bestimmten Sätzen eine Verwechslung mit dem Possessivpronomen zu vermeiden, wird das einsilbige Personalpronomen mit einem Akzent versehen z. B.: ο πατέρας **μού** είπε = *der Vater hat **mir** gesagt* zur Unterscheidung von ο πατέρας **μου** είπε = ***mein** Vater hat gesagt.*

In eindeutigen Fällen wird der Akzent bei den Personalpronomen (μου, του, σου, της usw.) nicht gesetzt.

3. Wörter, die mehr als drei Silben haben und auf der drittletzten Silbe betont werden, bekommen in Verbindung mit einem Possessivpronomen noch ein Betonungszeichen auf der letzten Silbe z. B. το αυτοκίνητό μου.

1

ΚΑΛΗΜΕΡΑ

1

Καλημέρα!
Καλημέρα!

2

ΓΕΙΑ ΣΟΥ

ο Γιάννης, η Κατίνα:	Γεια σου, Άννα!
η Άννα:	Γεια σας!
ο Γιάννης, η Κατίνα:	Τι κάνεις;
η Άννα:	Καλά, εσείς τι κάνετε;
ο Γιάννης, η Κατίνα:	Καλά, καλά!
η Άννα:	Γεια σας!
ο Γιάννης, η Κατίνα:	Αντίο.

3

In Griechenland begrüßt man sich bis 12 Uhr mittags mit: **Καλημέρα!**
Betrachten Sie die Bilder, hören Sie die Kassette und lesen Sie.

4

Einen Freund grüßt man mit:
Γεια σου!
Mehrere Freunde mit:
Γεια σας!

5

Von einem Freund verabschiedet man sich mit γεια σου, von mehreren Freunden mit γεια σας!

Auch mit **αντίο** können Sie sich von einer oder mehreren Personen verabschieden.

6

Mit **τι κάνεις** erkundigen Sie sich nach dem Wohlbefinden eines Freundes.

Lesen Sie den Dialog.

7

Mit **τι κάνετε** erkundigen Sie sich nach dem Wohlbefinden mehrerer Freunde. *Gr. Seite 179**

Jetzt spielen Sie die Szenen 6 und 7.

8

Beachten Sie: ; = ?

9

Benützen Sie die richtige Begrüßungs- und Verabschiedungsform:

a am Vormittag beim Einkaufen, wenn Sie mit dem Verkäufer sprechen
b wenn Sie Ihren Freund Janni im Café treffen
c wenn Sie Ihre beiden Freunde Janni und Katina auf der Straße treffen
d wenn Sie beim Einkaufen Ihrer Freundin Maria begegnen
e wenn Sie im Café Freunde treffen

10

Fragen Sie:

Janni, wie es ihm geht
Katina, wie es ihr geht
Janni und Katina, wie es ihnen geht

11

Hören Sie die Wörter von der Kassette und lesen Sie laut.

Γ **Γ**εια σου, **Γ**ιάννη
κ **κ**αλά
ε καλημ**έ**ρα, κάν**ε**τ**ε**, **ε**σ**ε**ίς
ντ Α**ντ**ίο.

* Die Seitenhinweise beziehen sich auf das Arbeitsbuch Neugriechisch.

2

ΧΑΙΡΩ ΠΟΛΥ

1 ●●

η Μαρία: Γεια σου, Γιώργο!
ο Γιώργος: Γεια σου, Μαρία, τι κάνεις;
η Μαρία: Είμαι καλά, εσύ;
ο Γιώργος: Καλά! Κάτσε λίγο!
η Μαρία: Ναι, ευχαριστώ.

ο Γιώργος: Από δω Νίκος Λινάκης!
η Μαρία: Χαίρω πολύ, Μαρία Πετρίδη.

2

Das Personalpronomen *Gr. Seite 164*

εσύ = du (2. Pers. Sing.)

εσείς = ihr (2. Pers. Plur.)

Das Personalpronomen wird im Griechischen nur dann benützt, wenn die Person besonders hervorgehoben wird. Sonst wird die Person durch die Verbendung ausgedrückt.

3

Mit den Verben είμαι und κάνω können Sie sich nach dem Wohlbefinden erkundigen.

Hören Sie die Dialoge von der Kassette und lesen Sie laut.
Vergleichen Sie mit den Verbtabellen in Nr. 4 und stellen Sie fest, in welcher Person die Verben jeweils gebraucht werden.

Τι κάνεις, είσαι καλά; Ναι,
είμαι καλά.
Τι κάνει η Μαρία, είναι καλά;
Ναι, είναι καλά.
Τι κάνετε, είστε καλά; Ναι,
είμαστε καλά.
Τι κάνουν ο Γιώργος και ο Νίκος,
είναι καλά; Ναι, είναι καλά.

4

Die Verben **είμαι** = sein
und **κάνω** = machen

(Anstelle des Infinitivs wird im Griechischen die 1. Pers. Sing. des Verbes benützt.) *Gr. Seite 176*

Präsens	
είμαι	ich bin
είσαι	du bist
είναι	er, sie, es ist
είμαστε	wir sind
είστε	ihr seid, Sie sind
είναι	sie sind
κάν**ω**	ich mache
κάν**εις**	du machst
κάν**ει**	er, sie, es macht
κάν**ουμε**	wir machen
κάν**ετε**	ihr macht, Sie machen
κάν**ουν**	sie machen

5

Wer spricht mit wem?
Spielen Sie die Dialoge nach. Achten Sie auf die Antwort.

6

Der bestimmte maskuline und feminine Artikel

o = der **n** = die

ο Γιώργος ο Νίκος ο Γιάννης η Κατίνα η Άννα η Μαρία

Vor dem Eigennamen kann der bestimmte Artikel stehen.

Beispiele: Είναι **η** Μαρία καλά; Τι κάνεις Μαρία; Είμαι καλά. *Gr. Seite 142*

7

Wie lautet die Aufforderung und die Reaktion darauf?

8

Stellen Sie folgende Personen nach dem Muster vor:

A: Από δω Νίκος Λινάκης.

B: Χαίρω πολύ, Μαρία Πετρίδη.

Γιώργος, Κατίνα, Μαρία Πετρίδη, Άννα, Ρουτ Μιούλερ, Χανς, Γιάννης

9

Ordnen Sie den Dialog, und sprechen Sie die Sätze in der richtigen Reihenfolge.

Ναι, ευχαριστώ.

Χαίρω πολύ, Μαρία Πετρίδη.

Γεια σου, Γιώργο!

Από δω Νίκος Λινάκης.

Είμαι καλά. Εσύ;

Καλά! Κάτσε λίγο!

Γεια σου, Μαρία!

Τι κάνεις;

10

Hörverständnisübung

Sie werden im Café von einem griechischen Freund angesprochen.

Hören Sie die Übung von der Kassette und versuchen Sie, in den Sprechpausen zu antworten.

11

Hören Sie die Wörter von der Kassette und lesen Sie laut.

χ ευ**χ**αριστώ, **χ**αίρω

Γ **Γ**ιώργος

γ λί**γ**ο, Γιώρ**γ**ος

δ από **δ**ω, Πετρί**δ**η

3

ΠΩΣ ΟΝΟΜΑΖΕΣΤΕ;

1 ●●

ο κύριος Κωστόπουλος: Χαίρετε, κύριε!
ο κύριος Ροτ: Χαίρετε, κύριε!
ο κύριος Κωστόπουλος: Ονομάζομαι Κωστόπουλος, κι εσείς πώς ονομάζεστε;
ο κύριος Ροτ: Με λένε Χανς Ροτ.
ο κύριος Κωστόπουλος: Είστε Γερμανός;
ο κύριος Ροτ: Όχι, δεν είμαι Γερμανός. Είμαι Αυστριακός, κι εσείς;
ο κύριος Κωστόπουλος: Είμαι Έλληνας.

2

ο κύριος Ροτ: Χάρηκα πολύ, κύριε Κωστόπουλε!
ο κύριος Κωστόπουλος: Χάρηκα πολύ, κύριε Ροτ!
ο κύριος Ροτ: Αντίο σας!
ο κύριος Κωστόπουλος: Γεια σας!

3

η κυρία Νικολοπούλου: Χαίρετε, κυρία Πετρίδη!
η κυρία Πετρίδη: Γεια σας, κυρία Νικολοπούλου!

4

a **Χαίρετε** ist eine etwas distanziertere Begrüßungs- und Verabschiedungsform.
b Γεια σας wird als Begrüßungs- und Verabschiedungsform bei einer Person oder mehreren Personen verwendet.
c **κύριε** ist die Anredeform (Vokativ, Sing.) von κύριος (Herr). *Gr. Seite 144*

Beispiele:

Χαίρετε, κυρία Μιούλερ!
Χαίρετε, κύριε Μάιερ!
Γεια σας, κύριε Κναλλ!
Γεια σας, κυρία Σμιτ!

5

Begrüßen Sie sich gegenseitig im Kurs.

Χαίρετε	κύριε ...
Γεια σας	κυρία ...
Καλημέρα	

6

a Im Griechischen enden die männlichen Familiennamen meistens auf – ς.

Die weiblichen Familiennamen haben eine andere Endung.
weitere Beugung siehe Gr. Seite 145, 148

Beispiele:

Mask.	Fem.
Κωστόπουλο**ς** Λινάκη**ς**	Κωστοπούλ**ου** Λινάκ**η**

b Suchen Sie aus den angegebenen Familiennamen die männlichen und weiblichen heraus. Versuchen Sie auch, die Namen auszusprechen. Hören Sie zu Ihrer Kontrolle die Kassette.

Λινάκης, Πετρίδη, Κωστόπουλος, Ασημάκης, Ασημάκη, Πετρίδης, Νικολοπούλου, Κωστοπούλου, Νικολόπουλος, Λινάκη

7

a In der Anredeform bekommen die männlichen Familiennamen auf – ος die Endung – ε
und die Namen auf – ης
die Endung – η .

Beispiele:

Χαίρετε, κύριε Κωστόπουλ**ε**!
Χαίρετε, κύριε Λινάκ**η**!

Bei weiblichen Familiennamen ändert sich die Endung nicht.

Χαίρετε, κυρία Λινάκη!
Χαίρετε, κυρία Κωστοπούλου!

b Begrüßen Sie die folgenden Personen:

ο κύριος Λινάκης, η κυρία Λινάκη, η κυρία Ασημάκη, ο κύριος Ασημάκης, ο κύριος Νικολόπουλος, η κυρία Κωστοπούλου, η κυρία Νικολοπούλου, ο κύριος Πετρίδης, ο κύριος Κωστόπουλος

8

a Auf die Frage **πώς ονομάζεστε** können Sie entweder mit **ονομάζομαι** . . . oder **με λένε** . . . antworten, wobei ονομάζομαι etwas vornehmer ist.

b Fragen Sie sich gegenseitig im Kurs nach dem Namen und beantworten Sie die Frage abwechselnd mit ονομάζομαι oder με λένε*.

Πώς ονομάζεστε; — Ονομάζομαι ...
Πώς ονομάζεστε; — Με λένε ...

9

Das Verb **ονομάζομαι** = heißen

Präsens	
ονομάζ**ομαι** ονομάζ**εστε**	ich heiße ihr heißt, Sie heißen

10

Unterscheiden Sie:

χαίρω πολύ = es freut mich sehr

χάρηκα πολύ = es hat mich sehr gefreut

11

χαίρω πολύ oder χάρηκα πολύ ?

a Sie werden Herrn Kostopoulos vorgestellt.

b Sie haben Maria Petridi im Café kennengelernt und verabschieden sich jetzt.

c Sie verabschieden sich von Herrn Linakis, den Sie im Flugzeug kennengelernt haben.

d Sie sind zu Besuch bei einer griechischen Familie und werden der Oma vorgestellt.

12 ●●

Hören Sie die Kassette und lesen Sie.

Είστε Έλληνας;

Ναι, είμαι Έλληνας.

Είστε Γερμανός;

Ναι, είμαι Γερμανός.

Είστε Αυστριακός;

Ναι, είμαι Αυστριακός.

* Nach dem Ausdruck με λένε fällt bei den griechischen männlichen Eigennamen das – ς weg.

Είστε Ελληνίδα;

Ναι, είμαι Ελληνίδα.

Είστε Γερμανίδα;

Ναι, είμαι Γερμανίδα.

Είστε Αυστριακή;

Ναι, είμαι Αυστριακή.

13

a Die Verneinung

όχι = nein **δεν** = nicht

Beachten Sie die Stellung des δεν!

Είστε Έλληνας; Όχι, δεν είμαι Έλληνας.

Bilden Sie nach diesem Muster noch weitere Sätze:

Είστε Γερμανός; ......
Είστε Αυστριακός; ......
Είστε Ελληνίδα; ......
Είστε Γερμανίδα; ......
Είστε Αυστριακή; ......

b Die Höflichkeitsform wird mit der 2. Person Plural des Verbes gebildet.

είστε — ihr seid / Sie sind

Beantworten Sie die Fragen:

A: Είστε Γερμανίδα;
B: Όχι, δεν είμαι Γερμανίδα. Είμαι Ελληνίδα.

A: Είστε Γερμανίδα;
B: Ναι, είμαι Γερμανίδα.

(D)

Είστε Γερμανός;

(A)

Είστε Αυστριακή;

Είστε Έλληνας;

Είστε Ελληνίδα;

Είστε Αυστριακός;

14

Sie können die Frage nach der Herkunft auch so stellen:

εσείς — ihr / Sie

Gr. Seite 165

Fragen und antworten Sie wie in den Beispielsätzen:

A: Είστε Γερμανός;

B: Ναι, είμαι Γερμανός, κι* εσείς;

A: Είμαι Έλληνας.

A: Είστε Γερμανίδα;

B: Ναι, είμαι Γερμανίδα κι εσείς;

A: Είμαι Ελληνίδα.

15

Welche Frage paßt zu welcher Antwort?

Είσαι Γερμανίδα;	Είμαι Ελληνίδα.
Είναι Αυστριακή;	Είμαι καλά.
Πώς ονομάζεστε;	Όχι, δεν είμαι Γερμανός. Είμαι Αυστριακός.
Είστε Γερμανός;	Με λένε Χανς Ροτ.
Είμαι Αυστριακός, κι εσείς;	Ναι, είμαι Γερμανίδα.
Τι κάνεις;	Δεν είμαστε καλά.
Τι κάνετε;	Όχι, δεν είναι Αυστριακή. Είναι Ελληνίδα.

* κι = und steht meist vor Wörtern, die mit einem ε beginnen.

16

Zusammenfassung der Begrüßungs- und Verabschiedungsformen in der Sie-Form.

Entscheiden Sie sich, welche der folgenden Begrüßungs- und Verabschiedungsformen Sie in den unten angegebenen Situationen verwenden würden.

Χαίρετε	Αντίο σας
Καλημέρα	Γεια σας
Γεια σας	Αντίο

a Sie betreten ein Reisebüro und begrüßen die Angestellte/n.
b Sie treffen das Ehepaar Kostopoulos im Reisebüro.
c Sie begrüßen am Vormittag den Kioskverkäufer des Dorfes.
d Sie begegnen Herrn Kostopoulos im Café.
e Sie begegnen Frau Nikolopoulou beim Einkaufen.

Sie verabschieden sich:

f von den Angestellten im Reisebüro
g vom Ehepaar Kostopoulos
h vom Kioskverkäufer
i von Herrn Kostopoulos
j von Frau Nikolopoulou

17

Hören Sie die Wörter von der Kassette und lesen Sie laut.

ε	λ**έ**ν**ε**, χαίρ**ε**τ**ε**, κύρι**ε**, είστ**ε**, Γ**ε**ρμανός, **ε**σ**ε**ίς, δ**ε**ν
Ε	**Έ**λληνας, **Ε**λληνίδα
Σ σ ς	ΠΩΣ ΟΝΟΜΑΖΕΣΤΕ, εσ**ε**ίς, ε**σ**ύ, εί**σ**τε, αντίο **σας**, Χαν**ς**, Έλληνα**ς**
ζ	ονομάζομαι, ονομάζεστε

Beachten Sie:
„s" im Auslaut wird immer mit – ς geschrieben (das sogenannte „Schluß-s").

σα**ς**, εσεί**ς**

4

ΣΤΟ ΚΑΦΕΝΕΙΟ

1

ο Μιχάλης:	Γκαρσόν, έναν καφέ ελληνικό, παρακαλώ!
το γκαρσόν:	Μέτριο, γλυκό ή σκέτο;
ο Μιχάλης:	Μέτριο, παρακαλώ.

2

το γκαρσόν:	Καλησπέρα!
ο Τάκης:	Καλησπέρα!
το γκαρσόν:	Τι θα πιείτε;
ο Τάκης:	Ένα ούζο κι ένα ποτήρι νερό.
το γκαρσόν:	Τίποτε άλλο;
ο Τάκης:	Όχι, τίποτε.
το γκαρσόν:	Εντάξει!

3

4 ●●

Mit **καλησπέρα** begrüßt man sich nachmittags und abends.

Καληνύχτα heißt “gute Nacht” und wird als Verabschiedungsformel am Abend und in der Nacht benützt.

Achten Sie auf die Tageszeit.

a Auf dem Weg zur Arbeit begegnen sich Herr Linakis und Herr Kostopoulos.

b Herr Kostopoulos verbringt den Nachmittag im Café. Herr Linakis kommt auch dorthin.

c Um 22.30 Uhr verlassen beide das Café.

5

Τι θα πιείτε; Ένα καφέ ελληνικό!

1 

νερό

1  καφέ

1 

νερό

1  καφέ

1  ζάχαρη

1 

νερό

1  καφέ

2  ζάχαρη

6

Ordnen Sie die verschiedenen Getränke den Bildern zu.

1 νεσκαφέ
2 τσάι
3 μπύρα
4 πορτοκαλάδα
5 λεμονάδα
6 φραπέ
7 ούζο
8 ποτήρι νερό
9 καφέ ελληνικό

7

Substantive mit dem unbestimmten Artikel. *Gr. Seite 140*

Akkusativ Mask.	Neutr.	Fem.
ένα(ν)*	**ένα**	**μία** (ή **μια**)
έναν καφέ ένα νεσκαφέ ένα φραπέ	ένα τσάι ένα ούζο ένα ποτήρι νερό	μία πορτοκαλάδα μία λεμονάδα μία σόδα μία μπύρα

8

Beachten Sie die Pluralbildung der Substantive. *Gr. Seite 148ff., 153f.*

Akkusativ Mask.	Neutr.	Fem.
καφέ**δες** νεσκαφέ**δες** φραπέ**δες**	τσάι**α** (τσάγια) ούζ**α** ποτήρι**α** νερό	πορτοκαλά**δες** λεμονά**δες** σόδ**ες** μπύρ**ες**

* Ένα bekommt, wenn es vor einem Wort steht, das mit einem Vokal oder mit den Konsonanten π, τ, κ, ψ, ξ, μπ, ντ, γκ, τσ, τζ beginnt ein ν (έναν) angehängt.

9

Lernen Sie die Zahlen. *Gr. Seite 161*

ένα = ein (s)

δύο ή δυο = zwei

τρία = drei

τέσσερα = vier

πέντε = fünf

Prägen Sie sich ein:
Die Zahlwörter für 1, 3 und 4 werden gebeugt. *Gr. Seite 163*

Akkusativ Mask.	Neutr.	Fem.
ένα(ν)	ένα	μία ή μια
τρεις	τρία	τρεις
τέσσερις	τέσσερα	τέσσερις

10

ένα(ν), ένα oder μια;

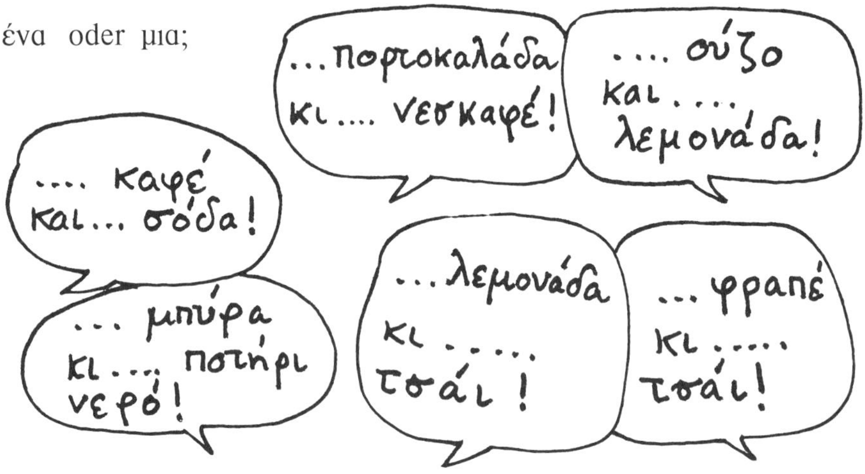

11

Bestellen Sie verschiedene Getränke.
Benützen Sie die Zahlwörter.

δύο, τρεις, τέσσερις, πέντε		δύο, τρία, τέσσερα, πέντε
καφέδες	πορτοκαλάδες	τσάια (τσάγια)
νεσκαφέδες	λεμονάδες	ούζα
φραπέδες	σόδες	ποτήρια νερό
	μπύρες	

12

Was möchten Sie trinken? Bestellen Sie.

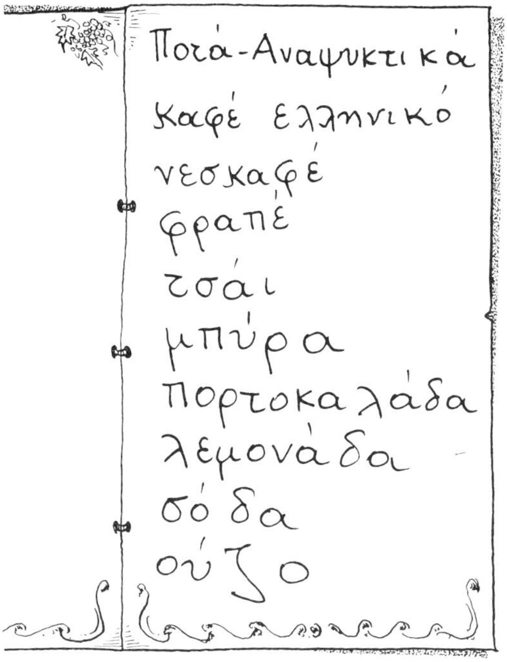

13 ●●

Hörverständnisübung

Sie betreten das Café. Der Kellner begrüßt Sie.

Hören Sie die Übung von der Kassette und versuchen Sie, in den Sprechpausen zu antworten.

14

Überprüfen Sie, ob Sie ευχαριστώ, ορίστε und παρακαλώ richtig anwenden können.

a Bitten Sie um ein Glas Wasser.
b Der Kellner bringt Ihnen, was Sie bestellt haben. Bedanken Sie sich.
c Der Kellner hat die Getränke auf den Tisch gestellt. Sie reichen Katina das bestellte Getränk.
d Sie reichen Jannis und Petros die bestellten Getränke.
e Sie bekommen Ihren Kaffee.

15 ●●

Hören Sie die Wörter von der Kassette und lesen Sie laut.

δ πορτοκαλά**δ**α, λεμονά**δ**α, νεσκαφέ**δ**ες, καφέ**δ**ες, Ελλά**δ**α, **δ**εν είμαι, **δ**ύο, φραπέδες

ει τρ**ει**ς, πι**εί**τε, γ**ει**α σας, κι εσ**εί**ς, εντάξ**ει**

η ελλ**η**νικό, ζάχαρ**η**, καλ**η**σπέρα

υ μπ**ύ**ρα, δ**ύ**ο, γλ**υ**κό, καλην**ύ**χτα

5

ΣΕ ΜΙΑ ΤΑΒΕΡΝΑ ΣΤΗΝ ΕΛΛΑΔΑ

1

ο κύριος Μιούλερ:	Καλημέρα!
το γκαρσόν:	Καλημέρα, καθήστε παρακαλώ!

το γκαρσόν:	Ψητό αρνί, πατάτες, κεφτέδες, φασολάκια, κοτόπουλο και μουσακά.
ο κύριος Μιούλερ:	Σαλάτα έχετε;
το γκαρσόν:	Ναι, έχω σαλάτα χωριάτικη.
ο κύριος Μιούλερ:	Λοιπόν μία μερίδα ψητό, μία μερίδα φασολάκια και μία σαλάτα χωριάτικη.
το γκαρσόν:	Τι θα πιείτε;
ο κύριος Μιούλερ:	Ρετσίνα!
το γκαρσόν:	Καλά, εντάξει!

κοτόπουλο
κεφτέδες
φασολάκια
μουσακά
ψητό αρνί
πατάτες

2

3

Die Speisekarte ist in Griechenland nicht so wichtig. Man fragt lieber den Kellner, was es zu essen gibt.

Welche Frage ist richtig?

Πώς ονομάζεστε;

Τι κάνετε;

Είμαι Γερμανίδα, κι εσείς;

Τι έχετε για φαΐ σήμερα;

Τι κάνεις;

4

Was möchten Sie essen?
Bestellen Sie für sich und Ihre Freunde ein, zwei, drei, vier … Portionen.

Bei der Bestellung gibt man die Anzahl der Portionen an.

Hier ist das Muster:

Μία μερίδα ψητό αρνί, παρακαλώ!
Τρεις μερίδες κεφτέδες, παρακαλώ!

5

Sie hören von der Kassette die Bezeichnungen für verschiedene Speisen.

Sprechen Sie die Wörter nach und suchen Sie dann die Speisen auf der Speisekarte. Bestellen Sie verschiedene Gerichte.

Beachten Sie:

Ψάρια, κρέατα, διάφορα φαγητά, φρούτα und γλυκά werden portionsweise bestellt μία μερίδα … Bei den anderen Speisen gibt man die jeweils gewünschte Anzahl an ένα(ν), ένα, μία. (Im Wortschatzverzeichnis finden Sie die Speisen noch einmal mit Artikel aufgeführt.)

6

Das Verb **έχω** = haben

Präsens	
έχ**ετε**	ihr habt, Sie haben

7

Έχετε σαλάτα σήμερα;

Fragen Sie weiter wie im Muster:

a ob es heute Lammfleisch gibt
b ob es heute Fisch gibt
c ob es heute Moussaka gibt
d ob es heute Bohnen gibt
e ob es heute Tintenfisch gibt

8

Die Verben **κάθομαι** = sich setzen und **έρχομαι** = kommen

Imperativ	
κάτσε! καθήστε!	setz dich! setzt euch, setzen Sie sich!
ελάτε!	kommt (her), kommen Sie (her)!

9

Welche Aufforderung paßt zu welchem Situationsbild?

Ελάτε! Καθήστε, παρακαλώ!

10

Die untenstehenden Sätze ergeben in der richtigen Reihenfolge einen Dialog. Spielen Sie die Szene nach.

Τι έχετε για φαΐ σήμερα;
Καλημέρα, καθήστε παρακαλώ!
Ελάτε στην κουζίνα!
Καλημέρα!
Σαλάτα έχετε;
Λοιπόν μία μερίδα ψητό, μία μερίδα φασολάκια και μία σαλάτα χωριάτικη.

Ψητό αρνί, πατάτες, κεφτέδες, φασολάκια, κοτόπουλο και μουσακά.
Ναι, έχω σαλάτα χωριάτικη.
Ρετσίνα.
Τι θα πιείτε;
Γκαρσόν, το λογαριασμό παρακαλώ!
Καλά, εντάξει!
Αμέσως!

11

Welcher Satz paßt zu welcher Situation?

a Αντίο σας!	**1** beim Betreten des Lokals
b Τι έχετε για φαΐ σήμερα;	**2** beim Bestellen
c Καλημέρα!	**3** beim Bezahlen
d Το λογαριασμό, παρακαλώ!	**4** beim Verlassen des Lokals

12

Hören Sie die Wörter von der Kassette und lesen Sie laut.

κ **κ**ύριος, **κ**αλημέρα, **κ**αθήστε, **κ**εφτέδες, **κ**οτόπουλο, **κ**αι, μουσα**κ**ά, χωριάτι**κ**η, φασολά**κ**ια, **κ**αλά
η καλ**η**μέρα, καθ**ή**στε, σ**ή**μερα, ψ**η**τό, χωριάτικ**η**
ει πι**εί**τε, εντάξ**ει**
π **π**αρακαλώ, **π**ατάτες, κοτό**π**ουλο, λοι**π**όν, **π**ιείτε
γ λο**γ**αριασμό

6

ΕΛΑ ΠΑΜΕ ΣΤΟ ΠΕΡΙΠΤΕΡΟ!

1 ●●

η δεσποινίδα: Παρακαλώ, μία τσίχλα και μία χτένα! Πόσο κοστίζουν;
ο περιπτεράς: *Δεκατρείς δραχμές!
η δεσποινίδα: Ορίστε!
ο περιπτεράς: Εντάξει! Ευχαριστώ!

2 ●●

η κυρία: Έχετε κάρτες;
ο περιπτεράς: Ναι.
η κυρία: Πόσο κοστίζει μία κάρτα;
ο περιπτεράς: Δώδεκα δραχμές, παρακαλώ.
η κυρία: Κι ένα στυλό;
ο περιπτεράς: Είκοσι δραχμές.
η κυρία: Ένα στυλό και δύο κάρτες, παρακαλώ!
ο περιπτεράς: Σαράντα τέσσερις δραχμές!
η κυρία: Ορίστε, πενήντα δραχμές!
ο περιπτεράς: Ευχαριστώ! Ορίστε, έξι δραχμές ρέστα!

3 ●●

ο κύριος: Ένα πακέτο τσιγάρα Σαντέ!
ο περιπτεράς: Ορίστε! Είκοσι τρεις δραχμές, παρακαλώ!
ο κύριος: Ναι, ορίστε!
το παιδί: Έχετε παγωτά;
ο περιπτεράς: Όχι, δεν έχω παγωτά.
ο κύριος: Έλα, πάμε στο σπίτι!

* Alle Preisangaben in diesem Buch entsprechen dem Stand von 1983.

4

Der unbestimmte Artikel *Gr. Seite 140*

Neutr.	Fem.
Nom. ένα	μία ο. μια
Akk. ένα	μία ο. μια

Beispiele:

Παρακαλώ, ένα περιοδικό!

Παρακαλώ, μία εφημερίδα!

5

Diese Artikel können Sie alle am Kiosk kaufen. Verlangen Sie einzelne Artikel aus dem Angebot.

Παρακαλώ ένα/μία . . .

ένα

κουτί σπίρτα

τετράδιο

μολύβι

περιοδικό

σαπούνι

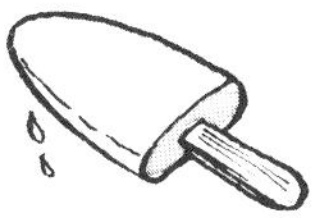

παγωτό

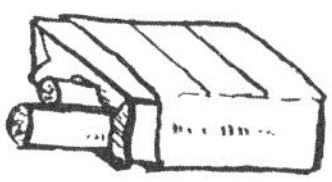

πακέτο τσιγάρα

γραμματόσημο

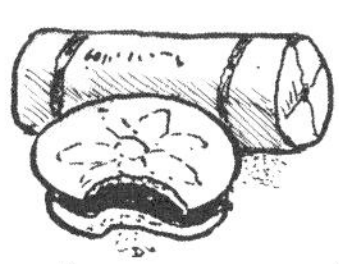

πακέτο μπισκότα

στυλό

μία ή μια

κάρτα

εφημερίδα

κρέμα ηλίου

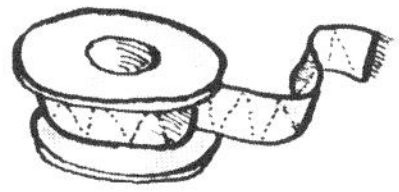

κορδέλα

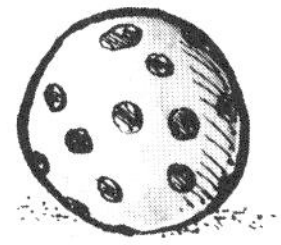

μπάλα

μπαταρία

τσίχλα

καραμέλα

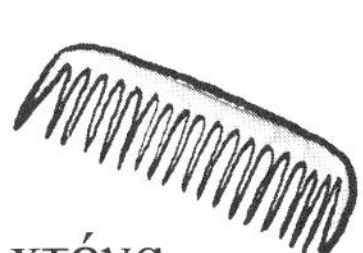

χτένα

6

Fragen Sie, ob der Kioskverkäufer Hefte, Zeitungen usw. hat.
Achten Sie auf die Pluralendungen.

Έχετε τετράδια;

κουτιά σπίρτα
μολύβια
σαπούνια
πακέτα τσιγάρα
πακέτα μπισκότα
περιοδικά
γραμματόσημα
παγωτά
στυλό (Ausnahme)

Έχετε εφημερίδες;

εφημερίδες
κάρτες
κρέμες ηλίου
μπαταρίες
καραμέλες
κορδέλες
μπάλες
τσίχλες
χτένες

7

Kaufen Sie mehr als ein Stück pro Artikel ein. Verwenden Sie die Zahlen bis fünf.

Παρακαλώ, τέσσερα κουτιά σπίρτα!

Παρακαλώ, τρεις κάρτες!

Neutrum δύο, τρία, τέσσερα, πέντε	Femininum δύο, τρεις, τέσσερις, πέντε
κουτιά σπίρτα, μολύβια, σαπούνια, πακέτα τσιγάρα, πακέτα μπισκότα, περιοδικά, γραμματόσημα, παγωτά, (στυλό)	εφημερίδες, κάρτες, κρέμες ηλίου, μπαταρίες, καραμέλες, κορδέλες, μπάλες, τσίχλες, χτένες

8

Lernen Sie die Zahlen. *Gr. Seite 161*

6 έξι	16 δεκαέξι	ή δεκάξι	25 είκοσι πέντε	60 εξήντα
7 επτά ή εφτά	17 δεκαεπτά	ή δεκαεφτά	26 είκοσι έξι	70 εβδομήντα
8 οκτώ ή οχτώ	18 δεκαοκτώ	ή δεκαοχτώ	27 είκοσι επτά	80 ογδόντα
9 εννέα ή εννιά	19 δεκαεννέα	ή δεκαεννιά	28 …	90 ενενήντα
10 δέκα	20 είκοσι		……	100 εκατό
11 έντεκα	21 **είκοσι ένα**		30 τριάντα	1000
12 δώδεκα	**είκοσι μία**		…	
13 **δεκατρία**	22 είκοσι δύο		…	
δεκατρείς	23 **είκοσι τρία**		…	
14 **δεκατέσσερα**	**είκοσι τρεις**		40 σαράντα	
δεκατέσσερις	24 **είκοσι τέσσερα**		…	
15 δεκαπέντε	**είκοσι τέσσερις**		50 πενήντα	

9

Das Wort δραχμή, δραχμές ist Femininum. *Gr. Seite 163*

Deshalb: τρεις δραχμές, τέσσερις δραχμές,
δεκατρείς δραχμές,
δεκατέσσερις δραχμές,
είκοσι τρεις δραχμές . . .

Unterscheiden Sie: δ**ύ**ο – δ**ώ**δεκα

10

Fragen Sie nach dem Preis der unter Nr. 5 und 6 aufgelisteten Artikel.

Πόσο κοστίζει …
Wieviel kostet … ?
Πόσο κοστίζουν δύο/τρία, τρεις …
Wieviel kosten … ?

11

Wieviel kosten die Waren?
Lesen Sie laut.

Ένα μολύβι κοστίζει 13 δρχ.
Ένα πακέτο τσιγάρα κοστίζει 24δρχ.
Μία εφημερίδα κι ένα περιοδικό κοστίζουν 44δρχ.
Τρεις μπαταρίες κοστίζουν 63 δρχ.
Ένα πακέτο μπισκότα κοστίζει 12 δρχ.
Δύο παγωτά κοστίζουν 33 δρχ.
Μία μπάλα κι ένα σαπούνι κοστίζουν 74δρχ.
Τέσσερις κάρτες και τέσσερα γραμματόσημα κοστίζουν 82 δρχ.
Εφτά πακέτα τσιγάρα κοστίζουν 94δρχ.

12 ●●

Τα χρήματα ή τα λεφτά : τα κέρματα ή τα ψιλά

μισή δραχμή*
ή πενήντα λεπτά
ή ένα πενηνταράκι

μία δραχμή
ή ένα φράγκο

δύο δραχμές
ή ένα δίφραγκο

πέντε δραχμές
ή ένα τάλιρο

δέκα δραχμές
ή ένα δεκάρικο

είκοσι δραχμές
ή ένα εικοσάρικο

13 ●●

Hörverständnisübung

Sie hören von der Kassette den Verkäufer. Er nennt Ihnen den Preis der Ware, die Sie kaufen wollen. Die Bilder zeigen Ihnen, welche Münzen Sie in Ihrem Geldbeutel haben. Geben Sie dem Verkäufer die entsprechenden Münzen. Wenn es zuviel ist, bekommen Sie noch etwas heraus.

Beispiel:

1. Hören Sie: Ένα τετράδιο κοστίζει δώδεκα δραχμές.
2. Schauen Sie auf das Bild:
3. Sprechen Sie: Ορίστε, δεκαπέντε δραχμές.
4. Hören Sie: Ευχαριστώ! Ορίστε τρεις δραχμές ρέστα!

a

b

c

d

e

* Die Münzen μισή δραχμή, μία δραχμή und δύο δραχμές werden nicht mehr geprägt.

14

Das Verb **έχω** = haben

Präsens	
έχω	ich habe

15

Sie brauchen Kleingeld.
Fragen und antworten Sie.

Έχετε ένα δίφραγκο; — Ναι, έχω. / Όχι, δεν έχω.

a 20 δρχ.	**c** 10 δρχ.	**e** 1 δρχ.
b 5 δρχ.	**d** 0,50 δρχ.	**f** 2 δρχ.

16

Die Verben **πάω** = gehen
und **έρχομαι** = kommen

Präsens	
πά**με**	wir gehen
Imperativ	
έλα!	kommt (her!)

17

Wozu fordert Γιώργος Γιάννη auf?

18

Verwenden Sie έλα, ελάτε, κάτσε, καθήστε und πάμε richtig.

a Schlagen Sie Jannis vor, mit Ihnen ins Café zu gehen.
b Sagen Sie Ihrer Freundin, daß sie sich ein bißchen setzen soll.
c Bieten Sie einer älteren Dame Ihren Platz an.
d Sagen Sie Ihren Gästen, daß sie mit in die Küche kommen sollen.
e Sagen Sie Ihrer Freundin Maria, daß sie kommen soll.

19 ●●

Hören Sie die Wörter von der Kassette und lesen Sie laut.

γ πα**γ**ωτό, **γ**ραμματόσημο, **Γ**ερμανός
δ **δ**ραχμή, εφημερί**δ**α, **δ**έκα, τετρά**δ**ιο, περιο**δ**ικό, **δ**ύο, **δ**ώδεκα, κορ**δ**έλα, Ελλά**δ**α
μπ **μπ**ισκότα, **μπ**αταρία, **μπ**άλα
γκ **γκ**αρσόν, φρά**γκ**ο, δίφρα**γκ**ο

7

ΠΟΥ ΕΙΝΑΙ ... ;

1

ο ξένος: Συγνώμη, κυρία! Σας παρακαλώ, πού είναι το ταχυδρομείο;

η κυρία: Το ταχυδρομείο είναι εδώ ακριβώς.

ο ξένος: Α, ναι! Ευχαριστώ πολύ!

η κυρία: Παρακαλώ. Τίποτα.

2

ο ξένος: Συγνώμη, δεσποινίς!

η δεσποινίδα: Ναι, παρακαλώ! Τι θέλετε;

ο ξένος: Ψάχνω το σταθμό λεωφορείων, ξέρετε πού είναι;

η δεσποινίδα: Ναι! Ο σταθμός λεωφορείων είναι εκεί, απέναντι από το καφενείο.

ο ξένος: Ευχαριστώ πολύ!

η δεσποινίδα: Παρακαλώ, παρακαλώ!

3

η ξένη: Συγνώμη, κύριε! Ξέρετε πού είναι η τράπεζα;

ο κύριος: Η τράπεζα είναι πίσω από την αγορά, δίπλα από τον Ο.Τ.Ε.

η ξένη: Πώς; Δεν κατάλαβα. Σας παρακαλώ, άλλη μία φορά!

ο κύριος: Δεν πειράζει. Ελάτε! Πάμε μαζί! Είστε ξένη;

η ξένη: Ναι, είμαι Γερμανίδα.

ο κύριος: Ξέρετε καλά ελληνικά!

η ξένη: Όχι, μόνο λίγα.

4

η ξένη: Συγνώμη! Ξέρετε πού είναι το λιμάνι;

ο κύριος Το λιμάνι; Όχι, δεν ξέρω. Δεν είμαι από δω.

5

Das Personalpronomen im Akkusativ
Gr. Seite 166

Plural	
2. Pers. σας	(euch, Sie)

7

Versuchen Sie nun, wie in Übung 6, selbständig Fragen zu stellen.
Benützen Sie abwechselnd:

Σας παρακαλώ, ξέρετε πού είναι . . .
Συγνώμη, κύριε/κυρία/δεσποινίς, ξέρετε πού είναι . . .

6

Mit **Σας παρακαλώ ξέρετε πού είναι** ... oder **Συγνώμη, κύριε/ κυρία/ δεσποινίς ξέρετε πού είναι** ... können Sie nach etwas fragen.

Hören Sie die Beispiele von der Kassette, betrachten Sie die Bilder und sprechen Sie nach.

το λιμάνι

το αεροδρόμιο

το ταχυδρομείο

ο σιδηρόδρομος

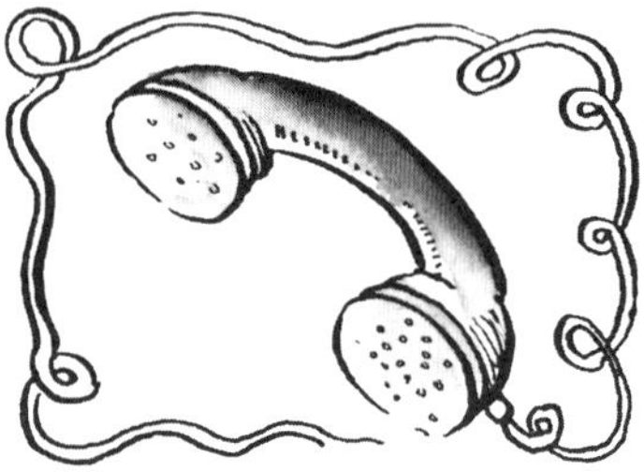

ο (το) Ο.Τ.Ε.

ο σταθμός λεωφορείων

η τράπεζα

η αγορά

η ταβέρνα

8

Substantive mit dem bestimmten Artikel im Singular

Nominativ Mask.	Neutr.	Fem.	Akkusativ Mask.	Neutr.	Fem.
ο	**το**	**η**	**το(ν)***	**το**	**τη(ν)**
σιδηρόδρομος Ο.Τ.Ε. σταθμός λεωφορείων	λιμάνι αεροδρόμιο ταχυδρομείο	τράπεζα αγορά ταβέρνα	σιδηρόδρομο Ο.Τ.Ε. σταθμό λεωφορείων	λιμάνι αεροδρόμιο ταχυδρομείο	τράπεζα αγορά ταβέρνα

Bei den Maskulina auf -ος fällt im Akkusativ das -ς weg.

Gr. Seite 145f., 149f., 154

9

Die Verben **ξέρω** = wissen, kennen, **θέλω** = mögen, **ψάχνω** = suchen

Präsens		
ξέρ**ω** — ich weiß, kenne ξέρ**ετε** < ihr wißt, kennt, / Sie wissen, kennen	θέλ**ετε** < ihr möchtet, / Sie möchten	ψάχν**ω** — ich suche

Ein Wort - zwei Bedeutungen: Ξέρετε πού είναι το ταχυδρομείο;
Ξέρετε ελληνικά;

10

Wenn Sie gefragt werden **Τι θέλετε;** können Sie antworten **Ψάχνω το σιδηρόδρομο.**

Fragen Sie nach den verschiedenen Gebäuden und Institutionen. Achten Sie auf die richtige Form des Artikels.

a το λιμάνι
b το αεροδρόμιο
c το ταχυδρομείο
d ο σιδηρόδρομος
e ο Ο.Τ.Ε.
f ο σταθμός λεωφορείων
g η τράπεζα
h η αγορά
i η ταβέρνα

* Το (Mask. Akk.) und τη (Fem. Akk.) bekommen, wenn sie vor einem Wort stehen, das mit einem Vokal oder mit den Konsonanten π, τ, κ, ψ, ξ, μπ, ντ, γκ, τσ, τζ beginnt ein ν (τον, την) angehängt.

11

Welche Frage paßt zu welcher Antwort?

a Πώς ονομάζεστε;	**1** Καλά, καλά.
b Πόσο κοστίζει;	**2** Ναι, ξέρω λίγα.
c Ξέρετε ελληνικά;	**3** Γκερτ Μανν.
d Τι θέλετε;	**4** 14δρχ.
e Ξέρετε πού είναι το λιμάνι;	**5** Ψάχνω το σταθμό λεωφορείων.
f Τι κάνεις;	**6** Όχι, δεν ξέρω.

12

Hören Sie die Beispiele von der Kassette, betrachten Sie die Bilder und sprechen Sie nach.

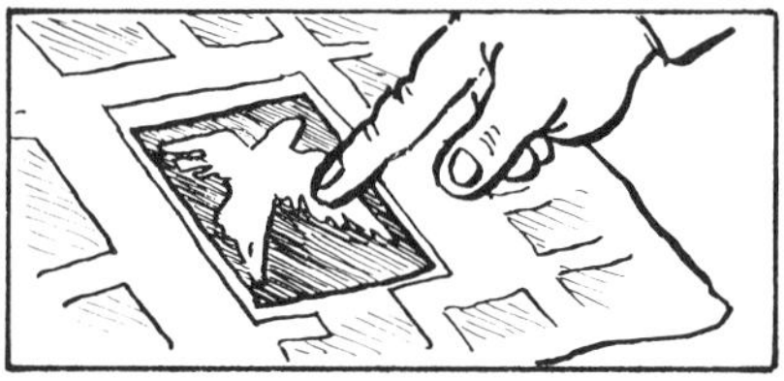

Το ταχυδρομείο είναι εδώ.

Ο σταθμός λεωφορείων είναι εκεί.

Ο Ο.Τ.Ε. είναι απέναντι από το καφενείο.

Η τράπεζα είναι δίπλα από τον Ο.Τ.Ε.

Η ταβέρνα είναι πίσω από την αγορά.

Ο ξένος είναι μπροστά από την τράπεζα.

13

Hörverständnisübung

Fragen Sie nach der Post, Bank, nach dem Busbahnhof, Bahnhof, Markt, Hafen und Telefonamt.

Hören Sie dann die Antworten von der Kassette und überprüfen Sie auf dem Stadtplan, ob die Angaben stimmen. Berichtigen Sie auf griechisch, wenn eine Angabe nicht stimmt.

14

Wie würden Sie sprachlich reagieren? Wählen Sie aus der rechten Spalte passende Sätze aus.

a Α, ευχαριστώ πολύ!

b Η τράπεζα είναι δίπλα από τον Ο.Τ.Ε.

c Ξέρετε καλά ελληνικά;

d Τι θέλετε;

e Η αγορά είναι απέναντι από το σταθμό λεωφορείων, δίπλα από ένα καφενείο, πίσω από το σιδηρόδρομο.

f Πώς; Δεν κατάλαβα.

g Ξέρετε πού είναι το γερμανικό προξενείο;

1 Ψάχνω το σταθμό λεωφορείων.

2 ΄Οχι, μόνο λίγα.

3 Παρακαλώ. Τίποτα.

4 Δεν πειράζει. Ελάτε! Πάμε μαζί!

5 ΄Οχι, δεν ξέρω. Δεν είμαι από δω.

6 Δεν κατάλαβα. ΄Αλλη μία φορά παρακαλώ!

7 Ευχαριστώ πολύ.

15

Lesen Sie die Dialoge noch einmal und prüfen Sie, ob Sie folgendes auf griechisch ausdrücken können:

a Erkundigen Sie sich bei einer Dame, wo der Bahnhof ist.

Antworten Sie, daß der Bahnhof gegenüber dem Markt ist.

b Sprechen Sie einen Herrn an.

Fragen Sie, was er/sie möchte.

c Sagen Sie, daß Sie die Post suchen.

Sagen Sie, daß Sie nicht wissen, wo sich die Post befindet, und daß Sie nicht von hier sind.

d Fragen Sie ein junges Mädchen, ob sie weiß, wo die Bank ist.

Sagen Sie ihm/ihr, daß die Bank hinter dem Markt ist, neben dem Telefonamt.

e Sie haben die Auskunft nicht verstanden. Sagen Sie es ihr.

Sagen Sie ihm/ihr, daß sie zusammen hingehen können.

16 ●●

Hören Sie die Wörter von der Kassette und lesen Sie laut.

γ Συ**γ**νώμη

ξ **ξ**ένος, **ξ**ένη, **ξ**έρετε, **ξ**έρω

ψ **ψ**άχνω, **ψ**άρι

φ σταθμός λεω**φ**ορείων, κα**φ**ενείο

δ ταχυ**δ**ρομείο, ε**δ**ώ, **δ**εσποινίς, **δ**ίπλα, **δ**εν ξέρω, Γερμανί**δ**α, σι**δ**ηρό**δ**ρομος

θ **θ**έλετε, στα**θ**μός

8

ΑΡΙΣΤΕΡΑ ή ΔΕΞΙΑ;

1 ●●

ο ξένος:	Συγνώμη, κύριε, ξέρετε πού είναι η οδός Ελευθερίας;
ο κύριος:	Η οδός Ελευθερίας; Είναι μακριά. Δεν ξέρω ακριβώς. Περιμένετε! Ξέρετε εσείς πού είναι η οδός Ελευθερίας;
ο κουρέας:	Ίσως είναι εδώ κοντά. Μια στιγμή, περιμένετε! Νίκο, ξέρεις πού είναι η οδός Ελευθερίας;
ο καφετζής:	Εδώ δεξιά, μετά αριστερά κι εκεί είναι η οδός Ελευθερίας.
ο μικρο-πωλητής:	Μα, τι λες; Η οδός Ελευθερίας δεν είναι εκεί. Η οδός Ελευθερίας είναι ευθεία και αμέσως αριστερά ο πρώτος δρόμος. Κατάλαβες;
ο ξένος:	Ναι, κατάλαβα! Ευχαριστώ πολύ!

2 ●●

ο ξένος:	Με συγχωρείτε, ψάχνω το βυζαντινό μουσείο, ξέρετε πού είναι;
η κυρία:	Το βυζαντινό μουσείο είναι στην πλατεία Αγίας Σοφίας.
ο ξένος:	Αγίας Σοφίας, λοιπόν;
η κυρία:	Ναι! Ναι! Ακριβώς εκεί!
ο ξένος:	Ευχαριστώ πάρα πολύ!

3

Anstelle von Συγνώμη, κύριε … können Sie jemanden auf der Straße mit **Με συγχωρείτε …** ansprechen.

Hören Sie die Beispielsätze von der Kassette und sprechen Sie sie nach.

το γερμανικό προξενείο

το νοσοκομείο (πρώτων βοηθειών)

το μουσείο

η εκκλησία

η πλατεία

η αστυνομία

Fragen Sie jetzt nach den angegebenen Gebäuden und Institutionen. Benützen Sie dabei folgendes Muster:

Με συγχωρείτε, ψάχνω το γερμανικό προξενείο, ξέρετε πού είναι;

Με συγχωρείτε, ψάχνω την πλατεία Ελευθερίας, ξέρετε πού είναι;

4

δεξιά

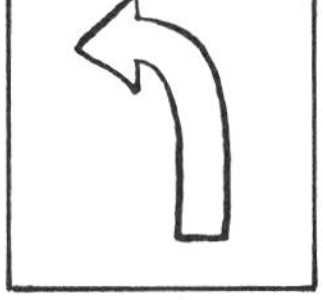
αριστερά

ευθεία

κοντά

μακριά

5

Schauen Sie die Bilder an.
Welche Antwort paßt zu der jeweiligen Gestik?

Είναι πολύ μακριά.
Είναι εδώ αριστερά.
Είναι ευθεία.

Δεν ξέρω ακριβώς.
Ίσως είναι εδώ κοντά.
Είναι εδώ δεξιά.

Είναι εδώ δίπλα.
Είναι ευθεία.
Είναι δεξιά.

6

Ordnungszahlen *Gr. Seite 161*

ο πρώτος	der erste ...
ο δεύτερος	der zweite ...
ο τρίτος	der dritte ...

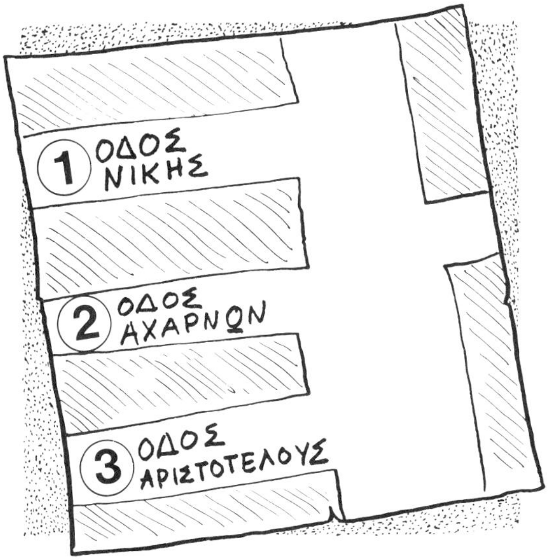

Ο πρώτος δρόμος είναι η οδός Νίκης.
Ο δεύτερος δρόμος είναι η οδός Αχαρνών.
Ο τρίτος δρόμος είναι η οδός Αριστοτέλους.

Betrachten Sie die Zeichnung und beantworten Sie die Fragen.

Είναι ο πρώτος δρόμος η οδός Νίκης;
Είναι ο δεύτερος δρόμος η οδός Αριστοτέλους;
Είναι ο τρίτος δρόμος η οδός Αχαρνών;

7

Sie befinden sich in der οδός Πανεπιστημίου.
Welche Antworten erhalten Sie auf die Fragen **a**, **b** und **c**?

a Πού είναι το νοσοκομείο;
b Πού είναι η εκκλησία;
c Πού είναι η οδός Μπότσαρη;

1 Είναι μακριά.
2 Είναι εδώ κοντά.
3 Είναι στην πλατεία.

8

Präposition **σε** + Artikel **το(ν)***, **το, τη(ν)** = **στο(ν)***, **στο, στη(ν)** *Gr. Seite 196*

Mask. **στο(ν)**	Neutr. **στο**	Fem. **στη(ν)**
Ο.Τ.Ε. σιδηρόδρομο σταθμό λεωφορείων	περίπτερο καφενείο σπίτι	Ελλάδα κουζίνα πλατεία

nach, zu, in, an, bei, auf

9

στο(ν), στο oder στη(ν);

Α: Πού είναι ο κύριος Μπάουμαν;
Β: Είναι στο καφενείο.

λιμάνι, σπίτι, ταβέρνα, αγορά, μουσείο, σταθμός λεωφορείων, Ο.Τ.Ε., Ελλάδα, περίπτερο, σιδηρόδρομος, ταχυδρομείο, αεροδρόμιο, προξενείο, κουζίνα, αστυνομία.

* Vgl. Seite 43.

10

Beantworten Sie die Fragen.

Πού είναι το περίπτερο;
Πού είναι η αστυνομία;
Πού είναι το νοσοκομείο;
Πού είναι η εκκλησία;
Πού είναι το γερμανικό προξενείο;
Πού είναι το μουσείο;
Είναι το περίπτερο στην οδό Νίκης;
Είναι το μουσείο στην πλατεία;

11

Die Verben **λέω** = sagen, **περιμένω** = warten, **καταλαβαίνω** = verstehen
Gr. Seite 177

Präsens	Imperativ	Aorist καταλαβαίνω
λες du sagst	περιμένετε! wartet, warten Sie!	κατάλαβα sinngem.: ich habe verstanden κατάλαβες du hast verstanden

12

Lesen Sie das Gespräch zwischen vier Personen auf der Straße.
Die unterstrichenen Sätze stehen am falschen Platz; berichtigen Sie sie und spielen Sie die Szene.

- Ξέρετε πού είναι η οδός Νίκης;
- Ίσως είναι εδώ κοντά. Ναι, κατάλαβα! Ευχαριστώ πολύ!
  Μαρία, ξέρεις πού είναι η οδός Νίκης;
- Είναι εδώ δεξιά.
- Κατάλαβες; Η οδός Νίκης δεν είναι εκεί. Η οδός Νίκης είναι ευθεία και μετά ο πρώτος δρόμος αριστερά.
- Μα, τι λες;
- Μια στιγμή, περιμένετε!

13

Wohin führt der Weg?

①

ευθεία, δεξιά είναι το ταχυδρομείο, μετά ευθεία στην οδό Νικης, μετά αμέσως αριστερά και δεξιά είναι ... ;

②

Εδώ δεξιά, μετά αριστερά εκεί είναι ένα καφενείο, μετά ευθεία και ο πρώτος δρόμος δεξιά είναι ... ;

14

Beschreiben Sie an Hand der Zeichnung den Weg zum Hafen.

15

Πού είναι η οδός Ελευθερίας;

Antworten Sie:

Είναι μακριά.
Είναι ακριβώς εδώ δίπλα.
Είναι κοντά στο περίπτερο.
Είναι στην πλατεία Αγίας Σοφίας.
Είναι απέναντι από το μουσείο.
Είναι ευθεία και αμέσως αριστερά ο πρώτος δρόμος.

16

Versuchen Sie mit Hilfe von folgenden Stichwörtern mit Ihrem Partner ein Gespräch zu führen:

το γερμανικό προξενείο
μια στιγμή, περιμένετε!
πολύ μακριά
στην οδό Πανεπιστημίου

17

Hören Sie die Wörter von der Kassette und lesen Sie laut.

ευ Ελ**ευ**θερίας, **ευ**θεία, **ευ**χαριστώ

β ακρι**β**ώς, κατάλα**β**ες, κατάλα**β**α

υ σ**υ**γνώμη, κ**ύ**ριε, β**υ**ζαντινό, πολ**ύ,** κ**υ**ρία

σ ε**σ**είς, ί**σ**ως, αμέ**σ**ως, μου**σ**είο, Σοφίας

9

ΜΑΘΑΙΝΕΙΣ ΕΛΛΗΝΙΚΑ;

1

η Ρουτ: Καλημέρα!
ο Κοσμάς: Καλημέρα σας!
η Ρουτ: Παρακαλώ, ένα σαπούνι και μια κρέμα ηλίου,
ο Κοσμάς: Α! Μπράβο! Μπράβο! Μιλάς πολύ καλά ελληνικά!
η Ρουτ: Όχι. Τώρα μαθαίνω.
ο Κοσμάς. Πού μαθαίνεις ελληνικά;
η Ρουτ: Στη Γερμανία.
ο Κοσμάς: Στη Γερμανία μαθαίνεις ελληνικά;
Πώς με το βιβλίο;
Πού μήπως στο σχολείο;
η Ρουτ: Ναι, με το βιβλίο και στο σχολείο.
ο Κοσμάς: Τότε γράφεις και διαβάζεις ελληνικά.
Α! Ωραία, πολύ ωραία!

Η ελληνική μουσική σου αρέσει;
η Ρουτ: Ναι, μου αρέσει πάρα πολύ.
ο Κοσμάς: Έλα! Κάτσε λίγο!
Άκου!

2

a Das Personalpronomen σας kann nach den folgenden Begrüßungs- und Verabschiedungsformen stehen. Man betont dadurch die Person/en stärker, die man begrüßt oder von der/denen man sich verabschiedet. *Gr. Seite 166*

καλημέρα
καλησπέρα
καληνύχτα
αντίο
→ σας

b Können Sie sich daran erinnern, zu welchen Tageszeiten man die verschiedenen Begrüßungsformen benützt?

3

Das Verb **μιλώ** = sprechen

Präsens	
μιλ**ώ**	ich spreche
μιλ**άς**	du sprichst
μιλ**άτε**	ihr sprecht, Sie sprechen

4

Durch die nachstehenden Fragen erfahren Sie, wie einige Sprachen auf griechisch heißen. Hören Sie die Fragen von der Kassette und beantworten Sie sie wie im Beispiel.

Μιλάς/μιλάτε ελληνικά;

Ναι, μιλώ ελληνικά.
Όχι, δεν μιλώ ελληνικά.

αγγλικά, γαλλικά, γερμανικά, σουηδικά, ιταλικά

5

μήπως, ίσως = vielleicht
Μήπως kann nur eine Frage einleiten.
Ίσως verwendet man in einem Antwortsatz.
Welche Vermutungen werden hier ausgesprochen?

μήπως ή ίσως;

6

Die Verben **μαθαίνω** = lernen, **γράφω** = schreiben, **διαβάζω** = lesen

Präsens

μαθαίν**ω**	ich lerne	γράφ**ω**	ich schreibe	διαβάζ**ω**	ich lese
μαθαίν**εις**	du lernst	γράφ**εις**	du schreibst	διαβάζ**εις**	du liest
μαθαίν**ετε**	ihr lernt, Sie lernen	γράφ**ετε**	ihr schreibt, Sie schreiben	διαβάζ**ετε**	ihr lest, Sie lesen

7

Wie könnten die Fragen zu den angegebenen Antworten heißen? Lesen Sie im Dialog nach.

a ΄Οχι, τώρα μαθαίνω.
b Ναι, γράφω ελληνικά.
c Ναι, διαβάζω ελληνικά.
d Με το βιβλίο.
e Στο σχολείο.
f ΄Οχι δεν μιλώ γαλλικά, μιλώ ελληνικά.

8

Präposition **με** = mit *Gr. Seite 196*

Beispiele:

Μαθαίνω ελληνικά **με το** βιβλίο και **την** κασέτα.
Στην Ελλάδα μαθαίνω ελληνικά **μ' έναν** ΄Ελληνα ή **με μία** Ελληνίδα.

9

Sie werden gefragt, wo und wie Sie Griechisch lernen.

Πού και πώς μαθαίνεις/-ετε ελληνικά;

Wie können Sie antworten?

Benützen Sie: σε oder με + Artikel.

Ελλάδα, βιβλίο, σχολείο, Γερμανία, σπίτι, κασέτα, ΄Ελληνας, Ελληνίδα

10

Das Personalpronomen im Genitiv
Gr. Seite 166

Singular

1. Pers.	μου	sinngemäß:	(mir)
2. Pers.	σου		(dir)

11

Das Verb **αρέσει** = es gefällt steht immer mit einem Personalpronomen im Genitiv.

μου / σου	αρέσει es gefällt ...

Beachten Sie, daß das Personalpronomen *vor* dem Verb steht.

12

Was gefällt Ihnen und was gefällt Ihnen nicht in Griechenland?

Η ελληνική μουσική σου αρέσει;	Ναι, μου αρέσει πάρα πολύ.
	΄Οχι, δεν μου αρέσει.
	Μου αρέσει μόνο λίγο.

Το φαΐ σου αρέσει;
Η ρετσίνα σου αρέσει;
Το σουβλάκι σου αρέσει;
Η σαλάτα σου αρέσει;
Ο καφές σου αρέσει;
Η Ελλάδα σου αρέσει;

Η μπύρα σου αρέσει;
Το παγωτό σου αρέσει;
Η Ελληνίδα σου αρέσει;
Ο ΄Ελληνας σου αρέσει;
Η ταβέρνα σου αρέσει;
Το μουσείο σου αρέσει;

13

Reagieren Sie auf die Äußerungen in der linken Spalte.
Benützen Sie dazu die Wörter rechts.

a Τι κάνεις/κάνετε;
b Μαθαίνω γερμανικά.
c Πάμε μαζί στο καφενείο;
d Σου αρέσει στην Ελλάδα;

1 Ωραία, πολύ ωραία!
2 Εντάξει!
3 Καλά, καλά!
4 Μπράβο! Μπράβο!

14

Die unten angegebenen Sätze ergeben in der richtigen Reihenfolge ein Gespräch.
Spielen Sie die Szene nach.

a Και πού είναι ο σταθμός λεωφορείων;
b Έλα, πάμε μαζί!
c Συγνώμη πού είναι η αγορά, σας παρακαλώ;
d Μιλάς πολύ καλά ελληνικά.
e Η αγορά είναι απέναντι από το σταθμό λεωφορείων.
f Όχι, τώρα μαθαίνω.
g Ναι, με το βιβλίο και στο σχολείο.
h Στη Γερμανία.
i Τότε γράφεις και διαβάζεις ελληνικά. Α! Ωραία. Πολύ ωραία!
j Πού μαθαίνεις ελληνικά;
k Ναι, πάρα πολύ.
l Στη Γερμανία μαθαίνεις ελληνικά;
m Πώς με το βιβλίο;
n Πού μήπως στο σχολείο;
o Η Ελλάδα σου αρέσει;

15 ●●

Hören Sie die Wörter von der Kassette und lesen Sie laut.

Μπ	**Μπ**ράβο, **Μπ**ύρα
σχ	**σχ**ολείο
γρ	**γρ**άφεις, **γρ**άφετε
ζ	διαβάζεις, διαβάζετε

10

ΣΤΗΝ ΑΓΟΡΑ

1

Η ΚΥΡΙΑ ΕΛΕΝΗ ΨΩΝΙΖΕΙ ΛΑΧΑΝΙΚΑ

ο κύριος Αντώνης:	Καλημέρα σας, κυρία Ελένη!
η κυρία Ελένη:	Καλημέρα σας, κύριε Αντώνη! Έχετε φρέσκα λαχανικά;
ο κύριος Αντώνης:	Ναι, όλα είναι φρέσκα.
η κυρία Ελένη:	Δώστε μου, λοιπόν, ένα κιλό φασολάκια, μισό κιλό κρεμμύδια, μισό κιλό καρότα κι ένα κιλό κολοκυθάκια.
ο κύριος Αντώνης:	Μάλιστα αμέσως! Τίποτε άλλο;
η κυρία Ελένη:	Σκόρδα έχετε;
ο κύριος Αντώνης:	Και βέβαια!
η κυρία Ελένη:	Ένα κεφάλι, σας παρακαλώ!
ο κύριος Αντώνης:	Ευχαρίστως!
η κυρία Ελένη:	Κι ένα μεγάλο αγγούρι.
ο κύριος Αντώνης:	Ορίστε! Πάρτε!
η κυρία Ελένη:	Κάντε το λογαριασμό, παρακαλώ.
ο κύριος Αντώνης:	265 δρχ.

2

Welche verschiedenen Gemüsesorten kauft κυρία Ελένη ein?

Η κυρία Ελένη ψωνίζει …

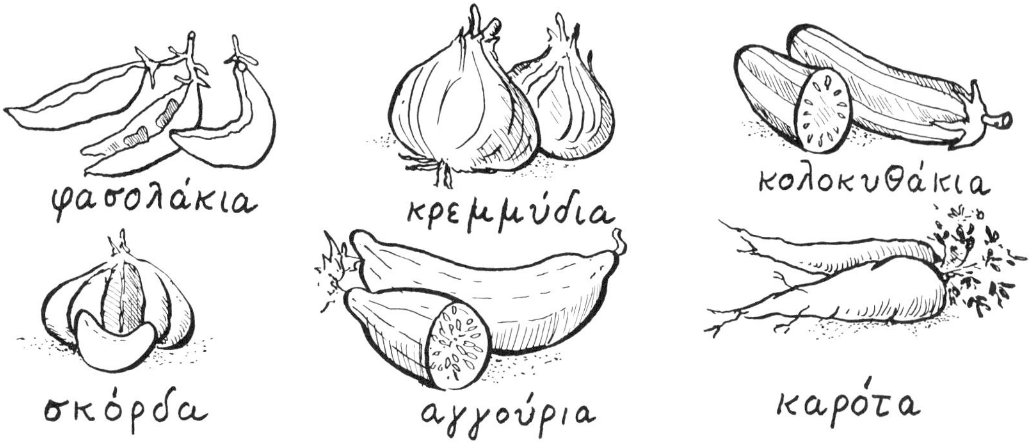

3

Das Verb **ψωνίζω** = einkaufen

Präsens	
ψωνίζ**ει**	er, sie, es kauft ein

4

Der bestimmte Artikel *Gr. Seite 140*

Plur. Neutr.	
Nom.	τα
Akk.	τα

5

Das Adjektiv

Die Beugung des Adjektivs richtet sich nach dem Substantiv. *Gr. Seite 157f., 160*

Sing.	Neutr.	Plur.	Neutr.	
Nom. + Akk.	ένα / το > φρέσκο φασολάκι	Nom. + Akk.	τα φρέσκα φασολάκια	φρέσκα φασολάκια
	ένα / το > φρέσκο κρεμμύδι		τα φρέσκα κρεμμύδια	φρέσκα κρεμμύδια
	ένα / το > μεγάλο κολοκυθάκι		τα μεγάλα κολοκυθάκια	μεγάλα κολοκυθάκια
	ένα / το > μεγάλο αγγούρι		τα μεγάλα αγγούρια	μεγάλα αγγούρια
	ένα / το > μεγάλο καρότο		τα μεγάλα καρότα	μεγάλα καρότα

Und hier noch einige Beispiele:

Έχετε φρέσκ**α** φασολάκια;
Είναι **τα** κολοκυθάκια φρέσκ**α**;
Ένα μεγάλ**ο** αγγούρι, παρακαλώ!
Είναι **το** αγγούρι φρέσκ**ο**;
Όχι, **τα** κολοκυθάκια δεν είναι φρέσκ**α**.

6

Wie könnten die Fragen zu den nachstehenden Antworten lauten?

Beispiel:
Ναι, τα λαχανικά είναι φρέσκα.
Είναι τα λαχανικά φρέσκα;

Όχι, δεν έχουμε μεγάλα αγγούρια σήμερα.
Τα φρέσκα φασολάκια είναι εδώ.
Τα μεγάλα κολοκυθάκια είναι εκεί δίπλα στα καρότα.
Τα φρέσκα κρεμμύδια κοστίζουν 25 δρχ. το κιλό.
Ναι, και βέβαια έχω μεγάλα σκόρδα και φρέσκα αγγούρια.
Όχι, δεν έχω μεγάλα κολοκυθάκια.
Όχι, δεν έχω μεγάλα καρότα.

7

In Griechenland ist Kilo die Gewichtseinheit beim Einkauf von Gemüse, Obst, Brot, Wein, Öl usw.

το κιλό – τα κιλά

1/2	κ.	μισό κιλό κρεμμύδια
1	κ.	ένα κιλό καρότα
2	κ.	δύο κιλά κολοκυθάκια
3	κ.	τρία κιλά ντομάτες
4	κ.	τέσσερα κιλά φασολάκια

8

Beim Imperativ steht das Personalpronomen immer *nach* dem Verb.

Gr. Seite 165f.

Beispiele:
Δώστε **μου** ένα κιλό φασολάκια!
Δώστε **μου** μισό κιλό καρότα!
Δώστε **μου** ένα περιοδικό!

9

Das Verb **δίνω** = geben

Imperativ	
δώστε!	gebt, geben Sie!

10

In Griechenland sind die Preise für Obst und Gemüse nicht immer angegeben.

Fragen Sie zuerst nach dem Preis für 1/2 kg, 1 kg, 2 kg usw., und verlangen Sie dann die Menge, die Sie kaufen möchten.

Beispiele:

Πόσο κοστίζει ένα κιλό κρεμμύδια;
Δώστε μου μισό κιλό κρεμμύδια!

11 ●●

a Lernen Sie die Zahlen. *Gr. Seite 162*

100	εκατό
101	εκατόν ένα
102	εκατ**ό δύο**
103	εκατόν τρία
104	εκατόν τέσσερα
105	εκατόν πέντε
106	εκατόν έξι
107	εκατόν εφτά

Zählen Sie weiter bis 119.

120	εκατόν είκοσι
121	εκατόν είκοσι ένα
122	εκατόν είκοσι δύο
123	εκατόν είκοσι τρία

Zählen Sie weiter bis 199.

200	διακόσια	- διακόσιες
300	τριακόσια	- τριακόσιες
400	τετρακόσια	- τετρακόσιες
500	πεντακόσια	- πεντακόσιες

Beachten Sie, daß die Zahlwörter ab 200 wie Adjektive gebeugt werden. Vor einem Substantiv im Femininum bekommen Sie im Nom. und Akk. die Endung - ες. *Gr. Seite 163*

Beispiele:

223	διακόσι**ες** είκοσι τρεις **δραχμές**
354	τριακόσι**ες** πενήντα τέσσερις **δρχ.**
467	τετρακόσι**ες** εξήντα εφτά **δρχ.**

b Lesen Sie die Preisangaben laut vor.

283 δρχ.	412 δρχ.	324 δρχ.
212 δρχ.	393 δρχ.	515 δρχ.
386 δρχ.	109 δρχ.	129 δρχ.

12 ●●

Hörverständnisübung

Sie hören von der Kassette einen Verkäufer, der Ihnen verschiedene Preisangaben macht. Welche Zahlen nennt er?

13

Sie haben in dem Stimmengewirr auf dem Markt den Verkäufer nicht verstanden. Sie möchten, daß er Ihnen die Preise noch einmal nennt.

Welcher Satz paßt in dieser Situation?

a Δώστε μου ένα κιλό κρεμμύδια!
b Δεν κατάλαβα άλλη μία φορά παρακαλώ!
c Τα αγγούρια είναι φρέσκα;
d Τι κάνετε;

14

Die Verben **παίρνω** = nehmen und **κάνω** = machen

Imperativ			
πάρτε!	nehmt, nehmen Sie!	κάντε!	macht, machen Sie!

15

Die Satzfragmente ergeben sinnvoll kombiniert Aufforderungssätze. Üben Sie, indem Sie sich gegenseitig zu verschiedenen Tätigkeiten auffordern.

a Δώστε μου	**1** το λογαριασμό παρακαλώ!
b Πάρτε	**2** ένα κιλό φασολάκια!
c Καθήστε	**3** τα καρότα!
d Ελάτε	**4** λίγο!
e Κάντε	**5** στην Ελλάδα!

16

Bilden Sie noch weitere Aufforderungssätze mit den bekannten Imperativformen aus Übung 15 und den Stichwörtern unten.

στην Ελλάδα, δύο κιλά κολοκυθάκια, το φρέσκο αγγούρι, δίπλα από το παιδί, στην κουζίνα, το φαΐ.

17

Lesen Sie noch einmal den Dialog und beantworten Sie folgende Fragen auf griechisch:

Πού είναι η κυρία Ελένη;
Έχει ο κύριος Αντώνης λαχανικά;
Τι ψωνίζει η κυρία Ελένη;
Είναι τα λαχανικά φρέσκα;
Τι ψωνίζει η κυρία Ελένη άλλο;
Πόσο κοστίζουν τα λαχανικά;
Πώς είναι το αγγούρι;

18

Hören Sie die Wörter von der Kassette und lesen Sie laut.

γγ	α**γγ**ούρι
ευ	**ευ**χαριστώ, **ευ**χαρίστως
σ	μι**σ**ό, φα**σ**ολάκια, αμέ**σ**ως, **σ**ας παρακαλώ, διακό**σ**ια, τριακό**σ**ια, τετρακό**σ**ια, πεντακό**σ**ια

19

Ναι, μάλιστα, βέβαια

Spielen Sie die Szene am Kiosk nach.
Eine ähnliche Situation könnte sich auch beim Gemüsehändler abspielen.

20

Unterscheiden Sie:
ευχαριστώ = danke schön!
ευχαρίστως = gern

Achten Sie auf die unterschiedliche Betonung. Spielen Sie die Szene nach.

11

ΣΤΟ ΜΑΝΑΒΙΚΟ

1

Ο ΚΥΡΙΟΣ ΓΙΩΡΓΟΣ ΨΩΝΙΖΕΙ ΦΡΟΥΤΑ ΚΑΙ ΛΑΧΑΝΙΚΑ

ο κ.Γιάννης: Παρακαλώ, τι θέλετε;
ο κ.Γιώργος: Φρούτα θέλω. Πόσο κοστίζουν τα πορτοκάλια;
ο κ.Γιάννης: 40 δραχμές το κιλό.
ο κ.Γιώργος: Εντάξει! Βάλτε μου τρία κιλά πορτοκάλια και δύο κιλά μήλα. Α, ναι! Κι αχλάδια, είναι ζουμερά;
ο κ.Γιάννης: Ναι, είναι πολύ ωραία!
ο κ.Γιώργος: Ένα κιλό παρακαλώ. Έχετε ντομάτες ώριμες;
ο κ.Γιάννης: Ναι. Σας αρέσουν;
ο κ.Γιώργος: Ναι, δώστε μου λοιπόν ένα κιλό ντομάτες, δύο κιλά μεγάλες μελιτζάνες και μία σαλάτα!
ο κ.Γιάννης: Πάρτε τις μελιτζάνες μόνος σας!
ο κ.Γιώργος: Πόσο κοστίζουν όλα μαζί;
ο κ.Γιάννης: 525 δραχμές!
ο κ.Γιώργος: Ποπό! Πέρασε πάλι το πεντακοσάρικο! Ορίστε εξακόσιες.
ο κ.Γιάννης: 75 δραχμές ρέστα. Ευχαριστώ πολύ, κύριε!
ο κ.Γιώργος: Αντίο σας!
ο κ.Γιάννης: Αντίο σας! Στο καλό!

2

Welche Obst- und Gemüsesorten kauft ο κύριος Γιώργος?

πορτοκάλια

μήλα

αχλάδια

ντομάτες

μελιτζάνες

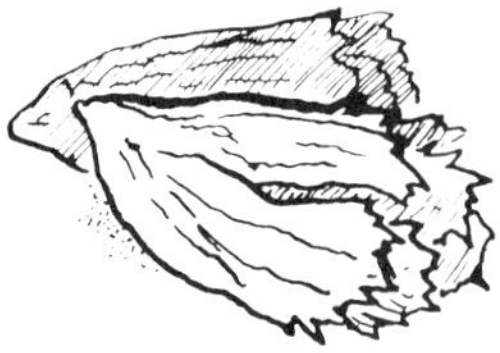

σαλάτες

3

Die Verben **θέλω** = wollen, mögen
und **βάζω** = hineintun

Präsens	
θέ**λω**	ich will, möchte
θέ**λετε**	ihr möchtet, wollt Sie möchten, wollen

Imperativ	
βάλτε!	tut hinein, tun Sie hinein!

4

Der Verkäufer fragt Sie:

Τι θέλετε, παρακαλώ;

Äußern Sie Ihre Wünsche. Schauen Sie sich dazu Übung 2 und die nebenstehende Zeichnung an.

Δώστε μου ...
Θέλω ...
Βάλτε μου ...

5

Das Adjektiv *Gr. Seite 158*

Sing.	Fem.		Plur.	Fem.
Nom.	μία η	ώριμη ντομάτα	Nom.	ώριμες ντομάτες οι ώριμες ντομάτες
	μία η	μεγάλη μελιτζάνα		μεγάλες μελιτζάνες οι μεγάλες μελιτζάνες
Akk.	μία την	ώριμη ντομάτα	Akk.	ώριμες ντομάτες τις ώριμες ντομάτες
	μία την	μεγάλη μελιτζάνα		μεγάλες μελιτζάνες τις μεγάλες μελιτζάνες

6

Der bestimmte Artikel *Gr. Seite 140*

Plur.	Fem.
Nom.	οι
Akk.	τις

7

Bilden Sie, wie Ihnen das Beispiel zeigt, jeweils vier Sätze.
Benützen Sie die Adjektive und Substantive aus Nummer 5.

Δώστε μου
- μία ώριμη ντομάτα!
- ώριμες ντομάτες!
- την ώριμη ντομάτα!
- τις ώριμες ντομάτες!
- μία μεγάλη σαλάτα!
- μεγάλες σαλάτες!
- τη μεγάλη σαλάτα!
- τις μεγάλες σαλάτες!

8

Kaufen Sie Obst und Gemüse im Gemüsegeschäft ein.

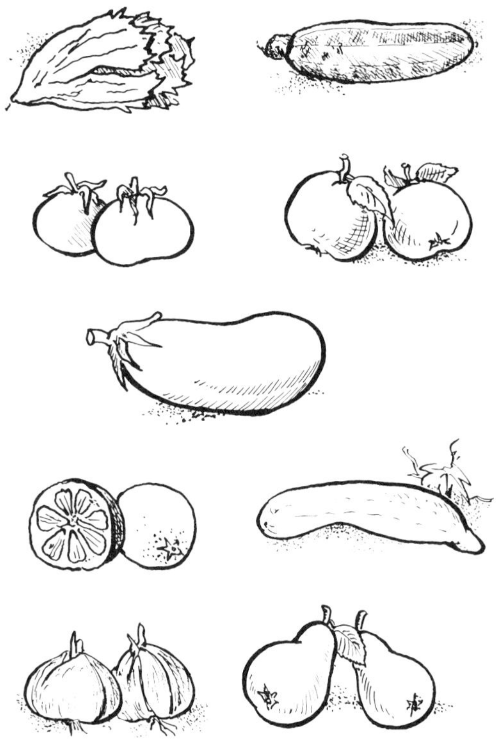

9

Das Personalpronomen im Genitiv
Gr. Seite 166

Plural		
2. Pers.	σας	sinngem.: (euch/Ihnen)

10

Das Verb **αρέσει** = es gefällt
im Plural mit einem Personalpronomen
im Genitiv.

Präsens	
σας αρέσουν	sie gefallen ...

11

Bejahen oder verneinen Sie die Fragen.

Beispiel: Σας αρέσουν τα μήλα;

Ναι, μου αρέσουν.
΄Οχι, δεν μου αρέσουν.

Σας αρέσουν τα γλυκά πορτοκάλια;
Σας αρέσουν τα ελληνικά τσιγάρα;
Σας αρέσουν οι ώριμες ντομάτες;
Σας αρέσουν οι σοκολάτες;
Σας αρέσουν τα παγωτά;
Σας αρέσουν τα ώριμα φρούτα;
Σας αρέσουν οι τσίχλες;
Σας αρέσουν οι σαλάτες;

12

Spielen Sie die verschiedenen Möglichkeiten des Gesprächsablaufes durch.

Käufer

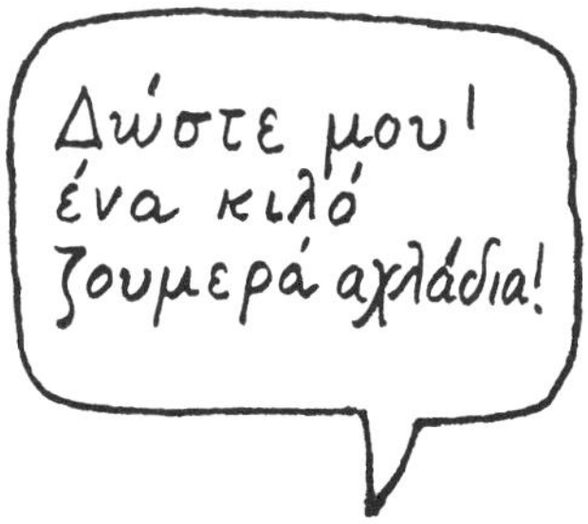

Verkäufer

΄Οχι, δεν έχω.
Πάρτε μόνος σας.
Ναι, ένα κιλό μόνο θέλετε;
Ναι, περιμένετε μια στιγμή παρακαλώ.
Ορίστε, πάρτε.
Είναι όλα πολύ ωραία.

Käufer

13

Lernen Sie die Zahlen. *Gr. Seite 162*

600	εξακόσια	-	εξακόσιες
700	επτακόσια	-	επτακόσιες
800	οκτακόσια	-	οκτακόσιες
900	εννιακόσια	-	εννιακόσιες
1000	χίλια	-	χίλιες

14

Lesen Sie die Zahlen laut vor.

603, 756, 812, 999, 843, 501, 719, 920, 837, 662, 784, 919, 898, 700

15

Lesen Sie die Preisangaben ebenfalls laut vor. Denken Sie an die richtige Endung im Femininum.

16

Wiederholen Sie die Zahlen bis 600. Lesen Sie die Zahlen auf den Rechnungen laut vor.

17

Τα χρήματα ή τα λεφτά: τα χαρτονομίσματα

το πεννηντάρικο

το κατοστάρικο

το πεντακοσάρικο

το χιλιάρικο

18

Der Ausruf **Ποπό!** verstärkt Ausdrücke der Bewunderung, Enttäuschung und des Staunens.

Ποπό! Πέρασε πάλι το πεντακοσάρικο. Es kostet schon wieder über 500 Dr.!

Ποπό! Ψέματα! Welch eine Lüge!

Ποπό! Παναγία μου! Um Gottes Willen!

Ποπό! Τι ωραία! Oh! Wie schön!

19

Hören Sie die Wörter von der Kassette und lesen Sie laut.

ντ τριά**ντα**, κά**ντε**, α**ντ**ίο, **ντ**ομάτες

ξ εξήντα, εξακόσιες, εντάξει

12

ΤΑ ΚΑΤΑΣΤΗΜΑΤΑ

1

ο κύριος Μπάουμαν: Πού μπορώ εδώ κοντά να αγοράσω ψωμί, σας παρακαλώ;

ο κύριος Ψάλτης: Να, στο φούρνο!

ο κύριος Μπάουμαν: Πού είναι ο φούρνος ακριβώς;

ο κύριος Ψάλτης: Ο φούρνος είναι στην πλατεία δίπλα από το μπακάλικο.

ο κύριος Μπάουμαν: Α! Μάλιστα!
Ευχαριστώ πολύ, κύριε!

ο κύριος Ψάλτης: Παρακαλώ, τίποτε!

2 ●●

Die Geschäftsbezeichnungen, die auf den Schildern über den Geschäften zu lesen sind, sind in der Amtssprache καθαρεύουσα abgefaßt. In der Umgangssprache δημοτική gibt es oft eine weitere Bezeichnung dafür.
Versuchen Sie die Geschäftsbezeichnungen in καθαρεύουσα und δημοτική auf den Schildern zu entziffern. Hören Sie dann zu Ihrer Kontrolle die Wörter von der Kassette.

ο φούρνος

το κρεοπωλείο

το μπακάλικο

το μανάβικο

3

Das Verb **μπορώ** = können

Präsens	
μπορ**ώ**	ich kann
μπορ**είτε**	ihr könnt, Sie können

4

Im Griechischen gibt es eine eigene Form, um eine Möglichkeit, Aufforderung oder einen Wunsch auszudrücken: **Υποτακτική.**

Wenn z.B. eine Möglichkeit ausgedrückt werden soll: Πού μπορώ να αγοράσω ψωμί; (sinngemäß: wo kann ich Brot kaufen?) folgt nach dem Verb **μπορώ** das Verb αγοράζω = kaufen in Υποτακτική: **να αγοράσω.** *Gr. Seite 174*

Das Verb **αγοράζω** = kaufen

Υποτακτική	
1. Pers. Sing.	να αγοράσω*
2. Pers. Plur.	να αγοράσετε

5

Fragen Sie, wo Sie in der Nähe Brot, Gemüse, Obst, Zeitungen, Briefmarken usw. kaufen können.

Πού μπ …

6 ●●

Hören Sie das Gespräch von der Kassette und spielen Sie es nach.

A: Σταφύλια έχετε;

B: Όχι!
Σταφύλια μπορείτε να αγοράσετε στο μανάβικο.

7 ●●

Hören Sie den neuen Wortschatz von der Kassette. Spielen Sie dann die Szene aus Übung 6 und ersetzen Sie σταφύλια durch andere Obst- und Gemüsesorten.

η αγκινάρα-ες

το λάχανο-α

το λεμόνι-α

το καρπούζι-α

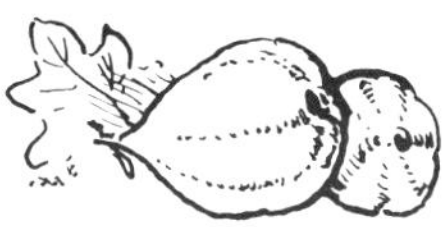
το σύκο-α

το ροδάκινο-α

το βερίκοκο-α

το κεράσι-α

* Da sich die Υποτακτική-Formen nur sinngemäß übersetzen lassen, werden sie in den Verbtabellen nicht übersetzt.

8 ●●

Στο μπακάλικο και στο κρεοπωλείο   können Sie folgende Waren einkaufen.
Hören Sie den Wortschatz von der Kassette und sprechen Sie nach.

η ελιά-ές

το λάδι-α

το τυρί-ά

το βούτυρο-α

το αυγό-ά

το γάλα-τα

το γιαούρτι-α

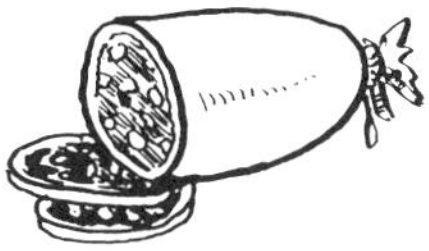
το σαλάμι-α

το σαπούνι-α

η σκόνη-ες πλυσίματος

ο καφές-δες

το φιστίκι-α

το γλυκό-ά

η μαρμελάδα-ες

το κοτόπουλο-α

το κρέας-τα

ο κιμάς-δες

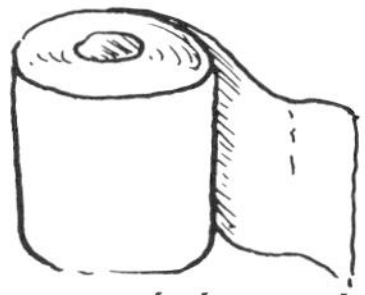
το χαρτί-ά υγείας

9 ●●

Petros soll für Maria einkaufen gehen. Sie hat ihm einen Einkaufszettel geschrieben.
Hören Sie den Text von der Kassette und achten Sie besonders auf die Gewichts- und Mengenangaben.

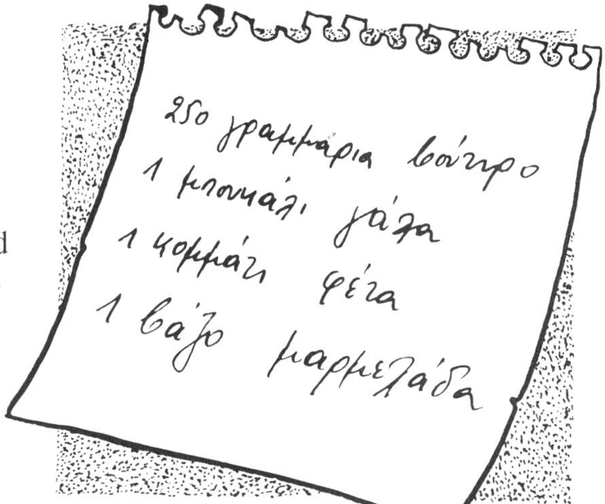

10

Und hier eine Übersicht über den Gebrauch der Gewichts- und Mengenangaben.

γραμμάρια	κιλό	μπουκάλι	κομμάτι	βάζο	πακέτο	κουτί
καφές	φρούτα	γάλα	τυρί φέτα	μαρμελάδα	τσιγάρα	σπίρτα
βούτυρο	λαχανικά	κρασί	γραβιέρα		ζάχαρη	τσιγάρα
φιστίκια	λάδι	ούζο	σαλάμι		καφές	
σαλάμι	κρασί	ρετσίνα	γλυκό		βούτυρο	
ελιές	κρέας	μπύρα			μπισκότα	
κιμάς	ψάρια	λάδι				
	ζάχαρη					

11

Die Gewichtseinheit γραμμάρια ist Neutrum. Die Zahlen 200–900 bekommen die Endung -α. *Gr. Seite 164*
Beispiel:

Δώστε μου 200(διακόσι**α**)γραμμ. ελιές!

Lesen Sie die Gewichtsangaben laut vor.

250 γραμμ. βούτυρο
300 γραμμ. καφέ
350 γραμμ. φιστίκια
400 γραμμ. ελιές
500 γραμμ. κιμά

12

Fragen Sie:

a einen Mann auf der Straße, wo Sie in der Nähe Milch kaufen können
b beim Gemüsehändler, ob die Bohnen frisch und die Tomaten reif sind
c den Gemüsehändler, ob er Oliven hat
d wieviel 1/2 kg Orangen kostet
wieviel 1 kg Hackfleisch kostet
wieviel 200 g Oliven kosten
wieviel 1 Stück Schafskäse kostet
e wo genau der Bäcker, der Metzger, das Gemüse- und Lebensmittelgeschäft ist.

13

Und jetzt gehen Sie selbst einkaufen. Benützen Sie die richtigen Gewichts- und Mengenangaben aus Nr. 10.

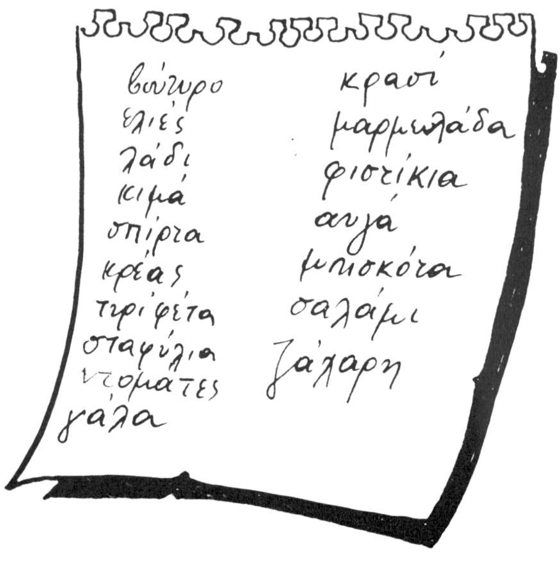

14

Lesen Sie die Dialoge der letzten Lektionen noch einmal und überprüfen Sie an Hand der Übung, ob Sie den Verlauf eines Verkaufsgespräches beherrschen.

Begrüßen Sie den Händler.

Begrüßen Sie die Kundin/den Kunden.

Verlangen Sie 200 g Butter und 1 Stück Schafskäse.

Geben Sie ihr/ihm die Waren.

Fragen Sie, ob er Salat hat.

Sagen Sie ihr/ihm, daß Sie keinen Salat haben.

Fragen Sie, wo Sie Salat kaufen können

Sagen Sie ihr/ihm, daß sie/er Salat beim Gemüsehändler kaufen kann.

Verlangen Sie Waschmittel.

Fordern Sie sie/ihn auf, es selber zu nehmen.

Verlangen Sie die Rechnung.

Nennen Sie ihr/ihm die Einkaufssumme (150 Dr.).

Bezahlen Sie und verabschieden Sie sich.

15 ●●

Hören Sie die Wörter von der Kassette und lesen Sie laut.

μπ **μπ**ορώ, **μπ**ορείτε, **μπ**ακάλικο, **μπ**ύρα, **Μπ**άουμαν, **μπ**ουκάλι, **μπ**ράβο

13

ΕΝΑΣ ΠΕΡΙΠΑΤΟΣ

1

ο Γιάννης και η Αγγελική:	Καλημέρα, μπάρμπα!
ο μπάρμπα-Λίας:	Γεια χαρά!
Γ. και Α.:	Πώς μπορούμε να πάμε με τα πόδια από δω στο Μελιδόνι;
ο μπάρμπα-Λίας:	Στο Μελιδόνι από δω με τα πόδια; Μα είναι πολύ μακριά και κάνει ζέστη σήμερα. Ελάτε! Ελάτε να φάτε ένα σταφύλι! Καθήστε κάτω από την ελιά! Ορίστε!
Γ. και Α.:	Ευχαριστούμε! Ευχαριστούμε! Τα σταφύλια είναι πολύ νόστιμα.

Ο ελαιώνας-ες

ο μπάρμπα-Λίας:	Αυτό είναι το αμπέλι μου! Εδώ δίπλα έχω κι ένα περιβόλι.
Γ. και Α.:	Τι υπάρχει στο περιβόλι;
ο μπάρμπα-Λίας:	Τώρα το καλοκαίρι υπάρχουν ωραία καρπούζια, γλυκά σύκα ... Να και ο ελαιώνας!
Γ. και Α.:	Πολλή δουλειά!
ο μπάρμπα-Λίας:	Τι να κάνουμε; Έτσι είναι. „Όποιος έχει μια ελιά, έχει και μια σιγουριά αλλά και πολλή δουλειά“
Γ. και Α.:	Πράγματι! Πράγματι!
ο μπάρμπα-Λίας:	Για το Μελιδόνι λοιπόν, περίπατο!
Γ. και Α.:	Πόσο μακριά είναι αλήθεια;
ο μπάρμπα-Λίας:	Το Μελιδόνι είναι περίπου είκοσι χιλιόμετρα μακριά από δω, δεξιά από το εκκλησάκι αυτό το μονοπάτι δίπλα στο ποτάμι.
Γ. και Α.:	Ας πάμε λοιπόν!
ο μπάρμπα-Λίας:	Να πάτε! Να πάτε παιδιά μου! Στο καλό!
Γ. και Α.:	Ευχαριστούμε πάρα πολύ. Αντίο!

Το αμπέλι-α

Το περιβόλι-α

2

In dem Beispiel: Πώς μπορούμε να πάμε … (Wie können wir nach … kommen?) wird wieder eine Möglichkeit ausgedrückt.

Das Verb **μπορώ** = können

Präsens	
μπορ**ούμε**	wir können

Die Verben **πάω** = gehen
und **τρώω** = essen

Υποτακτική		
1. Pers. Sing.	να πάω	–
1. Pers. Plur.	να πάμε	–
2. Pers. Plur.	να πάτε	να φάτε

Ein Verb kann auch allein in Υποτακτική stehen und drückt dann eine Aufforderung aus.

Beispiele:

Να πάτε! Nun geht!
Να φάτε! Eßt doch!
Να αγοράσετε! Kauft doch!

Diese Aufforderung wirkt etwas schwächer als eine Aufforderung im Imperativ. *Gr. Seite 174*

3 ●●

Hören Sie die Ortsnamen von der Kassette und suchen Sie sie auf der Karte. Benützen Sie dann die Ortsnamen und fragen Sie, wie Sie allein oder zu zweit dorthin kommen können.

Πώς μπ …

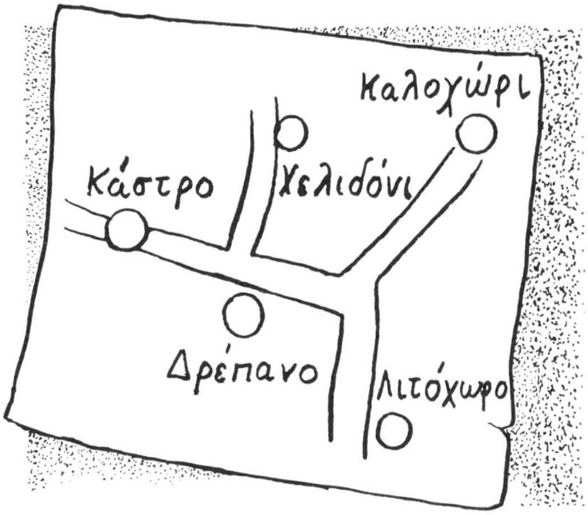

4 ●●

Hörverständnisübung

Es gehört zur griechischen Gastfreundschaft, einem Fremden etwas zum Essen oder Trinken anzubieten.
Hören Sie von der Kassette einige Äußerungen, die bei solchen Einladungen üblich sind.

Wählen Sie eine mögliche Antwort aus.

a Είναι πολύ νόστιμα.
b Όχι, δεν θέλω τώρα.
c Τα σταφύλια μου αρέσουν πάρα πολύ.
d Ναι, ευχαριστώ.
e Είναι πολύ ωραία.
f Δεν μου αρέσει.
g Ευχαριστούμε! Ευχαριστούμε!

5

Das Adjektiv *Gr. Seite 159*

Sing.	Neutr.	Fem.	Plur.	Neutr.	Fem.
Nom.	ωραίο	ωραί**α**		ωραία	ωραίες
Akk.	ωραίο	ωραί**α**		ωραία	ωραίες

6

Sie bekommen etwas angeboten. Loben Sie es, indem Sie die angegebenen Adjektive benützen.

Beispiel:

Τα σταφύλια είναι πολύ νόστιμα.

ροδάκινα, καρπούζι, κρασί, ελιές, ντομάτες, βερίκοκα, ψωμί, γλυκά, πορτοκάλια, αχλάδια, αγγούρια, κεράσια, μελιτζάνες

γλυκά, νόστιμα, φρέσκα, ωραία, ζουμερά, ζουμερό, νόστιμες, φρέσκες, γλυκό, νόστιμα, φρέσκο, ωραίο, μεγάλες

7

Das Verb υπάρχει (Sing.) / υπάρχουν (Plur.) — es gibt

Beispiele:

Τι υπάρχει στο περιβόλι;

Υπάρχουν πορτοκάλια!

Τι υπάρχει για φαΐ σήμερα;

Υπάρχουν νόστιμα λαχανικά!

8 ●●

Die Jahreszeiten

Hören Sie die Wörter von der Kassette und sprechen Sie nach.

ο χειμώνας	der Winter
η άνοιξη	der Frühling
το καλοκαίρι	der Sommer
το φθινόπωρο	der Herbst

Beachten Sie:

το καλοκαίρι	im Sommer
το φθινόπωρο	im Herbst
το χειμώνα	im Winter
την άνοιξη	im Frühling

Fragen Sie μπάρμπα-Λία, was es in seinem Obstgarten im Frühling, Sommer, Herbst und Winter gibt.

9

Das Demonstrativpronomen
Gr. Seite 169

Sing.	Neutr.
Nom.	αυτό (dieses, das)

Beispiel: Αυτό είναι το αμπέλι μου.

10

Das Possessivpronomen **μου** = mein/e steht nach dem Substantiv.
Gr. Seite 167

Beispiel: Αυτό είναι το περιβόλι μου.

11

Sagen Sie, daß die einzelnen abgebildeten Gegenstände Ihnen gehören.

Beispiel:

12

Hören Sie die Wegbeschreibung von der Kassette und suchen Sie den Weg auf der Karte.

Το Καλοχώρι είναι περίπου δέκα χιλιόμετρα μακριά από δω, αριστερά από το χωριό Μακρί, μετά δεξιά δίπλα στο ποτάμι. Κάτω από το βουνό είναι μία λίμνη, απέναντι από τη λίμνη είναι το Καλοχώρι.

13

Wie müßte das Gespräch verlaufen, wenn Sie sich alleine mit μπάρμπα-Λία unterhalten würden?

A: Καλημέρα, μπάρμπα!

B: Γεια χαρά!

A: Πώς μπορούμε να πάμε από δω με τα πόδια στο Μελιδόνι;

B: Στο Μελιδόνι από δω με τα πόδια;
Μα είναι πολύ μακριά και κάνει ζέστη σήμερα.
Ελάτε! Ελάτε!
Καθήστε εδώ κάτω από την ελιά.
Ορίστε!

A: Ευχαριστούμε! Ευχαριστούμε!

14

Wenn Sie, wie Jannis und Angelika, in einem kleinen Dorf ankommen, werden Sie sicher bald von einem Einwohner angesprochen.
Wählen Sie von den zwei angegebenen Antworten eine aus.

a Καλησπέρα σας!
1 Χαίρετε!
2 Αντίο σας!

b Ελάτε να φάτε σύκα, να πιείτε λίγο νερό! Καθήστε!
1 Όχι, δεν θέλουμε.
2 Ναι, ευχαριστούμε πάρα πολύ!

c Σας αρέσει το Μελιδόνι;
1 Όχι, είναι πολύ μακριά.
2 Α, είναι πολύ ωραία! Βέβαια με τα πόδια είναι λίγο μακριά.

d Είστε Γερμανός;
1 Ναι, είμαι Γερμανός.
2 Όχι, είμαι Αυστριακή.

e Θέλετε λίγο νερό ακόμη;
1 Ναι, ευχαρίστως!
2 Μα τι λες; Δεν είναι εδώ.

f Πού πάτε τώρα;
1 Είμαστε καλά.
2 Πάμε για φαΐ.

g Πάτε για φαΐ στην ταβέρνα;
1 Διαβάζω ελληνικά.
2 Ναι, πάμε για φαΐ στην ταβέρνα δίπλα στο ποτάμι.

h Α, είναι πολύ ωραία! Εκεί, υπάρχουν νόστιμα φαγητά και φρέσκα ψάρια.
1 Ας πάμε λοιπόν!
2 Ονομάζομαι Λίλια.

i Να πάτε! Να πάτε! Στο καλό!
1 Αντίο σας!
2 Πράγματι! Πράγματι!

15 ●●

Hören Sie die Wörter von der Kassette und lesen Sie laut.

δ Μελι**δ**όνι, πό**δ**ια, **δ**ουλειά, παι**δ**ιά, **δ**ίπλα, **δ**εν, Γερμανί**δ**α, **δ**ώστε μου

χ υπάρ**χ**ει, υπάρ**χ**ουν, **χ**ιλιόμετρα, **χ**αρά, **χ**άρηκα πολύ, **χ**αίρω πολύ

16

Lesetext

Hören Sie den Text von der Kassette.
Lesen Sie laut mit und achten Sie auf die Aussprache. Versuchen Sie dann mit Hilfe der Vokabeln, den Text zu verstehen.

Η Ελλάδα μπορεί να χαρακτηριστεί σαν χώρα ορεινή. Τα 4/5 του εδάφους της είναι ορεινά. Το 1/4 είναι νησιά. Ανάμεσα από τα βουνά κι εκεί πού τρέχουν ποταμοί σχηματίζονται μικρές και μεγάλες πεδιάδες όπου και καλλιεργούνται τα περισσότερα γεωργικά προϊόντα.
Τα μεγάλα κέντρα βιομηχανίας βρίσκονται κυρίως κοντά σε πόλεις, παράδειγμα στην Αθήνα, Θεσσαλονίκη, Βόλο, Πάτρα ...

Καπνοβιομηχανία

Καλλιέργεια βαμβακιού

Σταφυλοβιομηχανία

Διυλιστήριο πετρελαίου

Το 1981 ένταξη της Ελλάδας στην Ευρωπαϊκή Κοινότητα) ΕΟΚ = EG).

32% του πληθυσμού της Ελλάδας (9,5 εκατομμύρια) ασχολείται με τη γεωργία.

9% του πληθυσμού των άλλων κρατών μελών της Ευρωπαϊκής Κοινότητας ασχολείται με τη γεωργία.

4,4 εκτάρια γης είναι ο μέσος όρος της κτηματικής ιδιοκτησίας στην Ελλάδα.

17,4 εκτάρια στις χώρες της Ευρωπαϊκής Κοινότητας.

7,3% του πληθυσμού της Ελλάδας ασχολείται στη βιομηχανία.

39% του πληθυσμού των χωρών μελών της Ευρωπαϊκής Κοινότητας ασχολείται στη βιομηχανία.

Τι οικονομικές, κοινωνικές, πολιτικές και οικολογικές συνέπειες έχει η ένταξη για την Ελλάδα;

Wörter zum Textverständnis

μπορεί να χαρακτηριστεί	kann bezeichnet werden
σαν	wie, als
η χώρα	Land
ορεινός-ό-ή	bergig
του εδάφους της	seines Bodens
το νησί -ά	Insel
ανάμεσα από	zwischen, von
πού	wo
τρέχουν	laufen, fließen
σχηματίζονται	bilden sich
μικρός-ό-ή	klein
η πεδιάδα -ες	Ebene
όπου και	auch dort, wo auch
καλλιεργούνται	werden angebaut
τα περισσότερα	die meisten
τα γεωργικά προϊόντα	Agrarprodukte
το κέντρο -α	Zentrum
η βιομηχανία -ες	Industrie
βρίσκονται	befinden sich
κυρίως	hauptsächlich
η πόλη -εις	Stadt
κοντά	in der Nähe
παράδειγμα	Beispiel
το 1981	im Jahre 1981
η ένταξη	Eingliederung
του πληθυσμού	der Bevölkerung
της Ελλάδας	Griechenlands
το εκατομμύριο-α	Million
απασχολείται	beschäftigt sich
η γεωργία	Landwirtschaft
των άλλων κρατών μελών	der anderen Mitgliedsstaaten
το εκτάριο, εκτάρια	Hektar
της γης	der Erde
ο μέσος όρος	im Durchschnitt
της κτηματικής ιδιοκτησίας	der landwirtschaftlichen Betriebseinheit
οικονομικός-ό-ή	ökonomisch
οικολογικός-ό-ή	ökologisch
κοινωνικός-ό-ή	gesellschaftlich
η συνέπεια -ες	Ergebnis
θα έχει	wird haben
% τοις εκατό	Prozent

14

ΣΤΟ ΤΑΧΥΔΡΟΜΕΙΟ

1

η κ. Ηλιάδη:	Μου δίνετε ένα γραμματόσημο για ένα γράμμα στο εξωτερικό!
ο υπάλληλος:	Για ποιο κράτος, παρακαλώ;
η κ. Ηλιάδη:	Για τη Δυτική Γερμανία.
ο υπάλληλος:	Ναι, ένα γραμματόσημο των δεκαεπτά δραχμών. Ορίστε!
η κ. Ηλιάδη:	Θέλω να στείλω και μια κάρτα στην Αυστρία, τι γραμματόσημο χρειάζομαι;
ο υπάλληλος:	Των δεκαπέντε δραχμών, κυρία μου!
η κ. Ηλιάδη:	Δώστε μου, λοιπόν κι ένα γραμματόσημο των δεκαπέντε!
ο υπάλληλος:	Όρίστε!
η κ. Ηλιάδη:	Πού είναι το γραμματοκιβώτιο;
ο υπάλληλος:	Εκεί απέναντι!
η κ. Ηλιάδη:	Ευχαριστώ!
ο υπάλληλος:	Παρακαλώ!

2 ●●

3

Das Verb **δίνω** = geben

Präsens		Imperativ	
δίν**εις**	du gibst	δώσ(ε)!	gib!
δίν**ετε**	ihr gebt, Sie geben	δώστε!	gebt, geben Sie!

4

Das Personalpronomen μου/μου sinngem.: (mir) *Gr. Seite 166*

Das Personalpronomen kann im Griechischen vor und nach dem Verb stehen.

a Bei einem Verb im Präsens steht das Personalpronomen vor dem Verb.

Beispiele:

Μου δίνετε/δίνεις ένα γραμματόσημο, παρακαλώ!
Μου δίνετε/δίνεις ένα κουτί σπίρτα, παρακαλώ!
Μου δίνετε/δίνεις ένα παγωτό, παρακαλώ!
Μου δίνετε/δίνεις ένα κιλό πορτοκάλια, παρακαλώ!

b In Verbindung mit Imperativformen wird das Personalpronomen nachgestellt.

Beispiele:

Δώστε/δώσ' **μου** ένα γραμματόσημο, παρακαλώ!
Δώστε/δώσ' **μου** ένα κουτί σπίρτα, παρακαλώ!
Δώστε/δώσ' **μου** ένα παγωτό, παρακαλώ!
Δώστε/δώσ' **μου** ένα κιλό πορτοκάλια, παρακαλώ!

5

Verlangen Sie die Gegenstände.
Fangen Sie so an:

Μου δίνετε/δίνεις ...
Δώστε/δώσ' μου ...

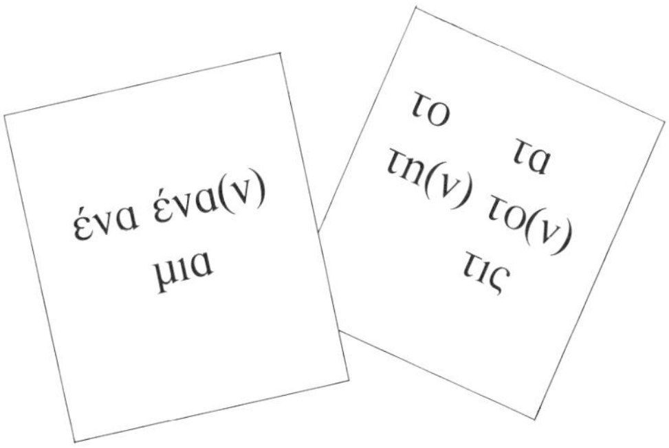

περιοδικό, μπάλα, χτένα, εφημερίδα, καφέ, γραμματόσημο, πακέτο μπισκότα, πακέτο τσιγάρα, καραμέλες, εφημερίδες, σαλάτες, αγκινάρες, κρασί, κρεμμύδια, σκόρδο, κιλό μήλα, κιλό βερίκοκα, καρπούζι, γλυκά, καφέ, φιστίκια, κουτί σπίρτα, ποτήρι νερό, κεράσια, ψωμί, παγωτό, σοκολάτες, χαρτί υγείας.

6

Jemandem etwas geben.
Lesen Sie die Beispiele und fordern Sie sich dann gegenseitig im Kurs auf.
Gr. Seite 144

Δώστε/δώσε **στην** Ελένη ένα μολύβι!
Δώστε/δώσε στην κυρία Ροτ ένα περιοδικό!
Δώστε/δώσε **στον** κύρι**ο** Γιάνν**η** μία εφημερίδα!
Δώστε/δώσε στον Πέτρο ένα τετράδιο!

7 ●●

Die Präposition **για** = für
Gr. Seite 196

a Hören Sie den Kurzdialog von der Kassette. Achten Sie auf die weiteren Länderbezeichnungen.
b Spielen Sie den Dialog und verwenden Sie die neuen Länderbezeichnungen.

A: Μου δίνετε/δίνεις ένα γραμματόσημο για ένα γράμμα στο εξωτερικό!
B: Για ποιο κράτος;
A: Για την Τουρκία.

για

	τη		τη(ν)
SU	Ρωσία	GB	Αγγλία
R	Ρουμανία	I	Ιταλία
		YU	Γιουγκοσλαβία
		F	Γαλλία
		S	Σουηδία
		CH	Ελβετία
		TR	Τουρκία
		P	Πορτογαλλία

8

Das Verb **στέλνω** = schicken

Υποτακτική	
1. Pers. Sing.	να στείλω
3. Pers. Sing.	να στείλει

Wenn ein Wunsch ausgedrückt werden soll, folgt nach dem Verb θέλω ein Verb in Υποτακτική.

Beispiel:
Θέλω να στείλω μια κάρτα στην Αυστρία.

9

Schicken Sie die abgebildeten Sachen mit der Post weg.

Θέλω να στείλω …

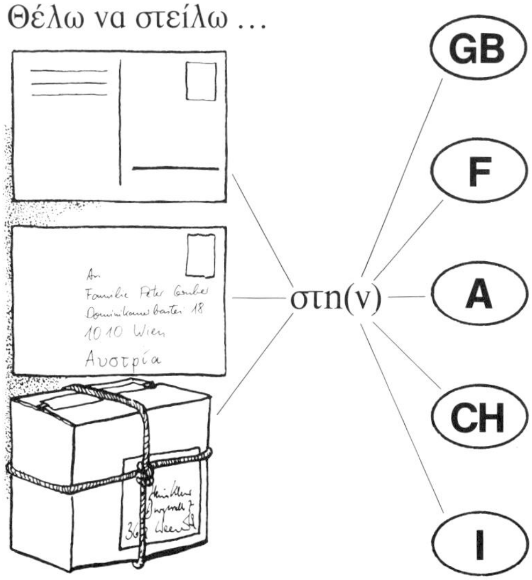

10

Nach der Anredeform κυρία, κύριε, δεσποινίς kann das Possessivpronomen **μου** = mein/e folgen. Dadurch wirkt die Anrede freundlicher.

Τι θέλετε, δεσποινίς μου;
Περάστε, κυρία μου!
Πάρτε, κύριε μου, τα ψιλά σας!
Μα τι λες, κυρία μου;
Ελάτε τώρα, κύριε μου!

11

Das Verb **χρειάζομαι** = brauchen

Präsens	
χρειάζ**ομαι**	ich brauche

12

Welche Briefmarken brauchen Sie? Fragen Sie und verlangen Sie die entsprechende Briefmarke.

A: Τι γραμματόσημο χρειάζομαι για μια κάρτα στο εξωτερικό;

B: Των δεκαπέντε δραχμών
κυρία μου!
κύριε μου!
δεσποινίς μου!

A: Δώστε μου, λοιπόν ένα γραμματόσημο των δεκαπέντε!

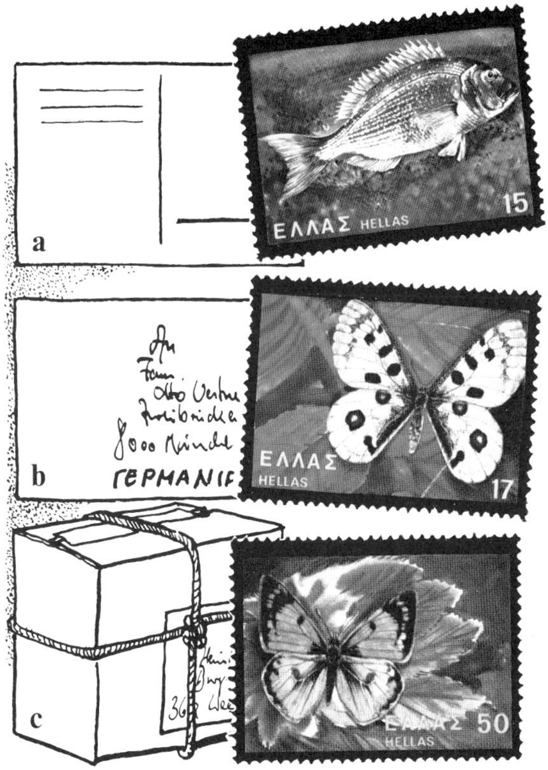

13

Beantworten Sie die Fragen.

Πού είναι η κυρία Ηλιάδη;
Είναι το γραμματοκιβώτιο στο μανάβικο;
Υπάρχουν γραμματόσημα στο περίπτερο;
Πού υπάρχει ένα γραμματοκιβώτιο για ένα γράμμα στο εξωτερικό;
Πού θέλει να στείλει η κυρία Ηλιάδη ένα γράμμα;
Πού θέλει να στείλει η κυρία Ηλιάδη μια κάρτα;
Θέλει να στείλει κι ένα πακέτο στην Αγγλία;

14

Wiederholen Sie den Dialog an Hand der Bilder.

15

Hören Sie die Wörter von der Kassette und lesen Sie laut.

γ **γ**άλα, **γ**ράμμα, **γ**ραμματόσημα, **γ**ραμματοκιβώτιο, ε**γ**ώ

ξ ε**ξ**ωτερικό, **ξ**ένος, **ξ**έρετε

οι π**οι**ο

15

ΣΤΟΝ Ο.Τ.Ε

1

ΕΝΑ ΤΗΛΕΦΩΝΗΜΑ ΣΤΟ ΕΞΩΤΕΡΙΚΟ

η κ. Ροτ: Παρακαλώ, θέλω να κάνω ένα τηλεφώνημα στη Δυτική Γερμανία.

ο υπ.: Σε ποια πόλη;

η κ. Ροτ: Στο Μόναχο.

ο υπ.: Περάστε στο θάλαμο τέσσερα και πάρτε τον αριθμό 0049 για τη Δυτική Γερμανία, μετά τον αριθμό 89 για το Μόναχο και στο τέλος τον αριθμό σας!

2

3

ΕΝΑ ΤΗΛΕΦΩΝΗΜΑ ΣΤΗΝ ΕΛΛΑΔΑ

Α: Εμπρός!
Ποιος είναι στο τηλέφωνο;
Β: Είμαι η δεσποινίδα Βελουδά. Είναι ο κύριος Γιώργος, σας παρακαλώ, εκεί;
Α: Όχι, αυτή τη στιγμή δεν είναι εδώ. Τι θέλετε;
Β: Θα ήθελα τον ίδιο.
Α: Τότε ξαναπάρτε αργότερα!
Β: Ναι, εντάξει! Ευχαριστώ πολύ!
Α: Παρακαλώ, τίποτε! Αντίο σας!
Β: Αντίο!

4

Α: Λέγετε, παρακαλώ!
Β: Εδώ Τούλα Μικρούτσικη, την κυρία Πόπη Λιγερίδη θα ήθελα, σας παρακαλώ!
Α: Μια στιγμή περιμένετε να σας συνδέσω!
Β: Ευχαριστώ!

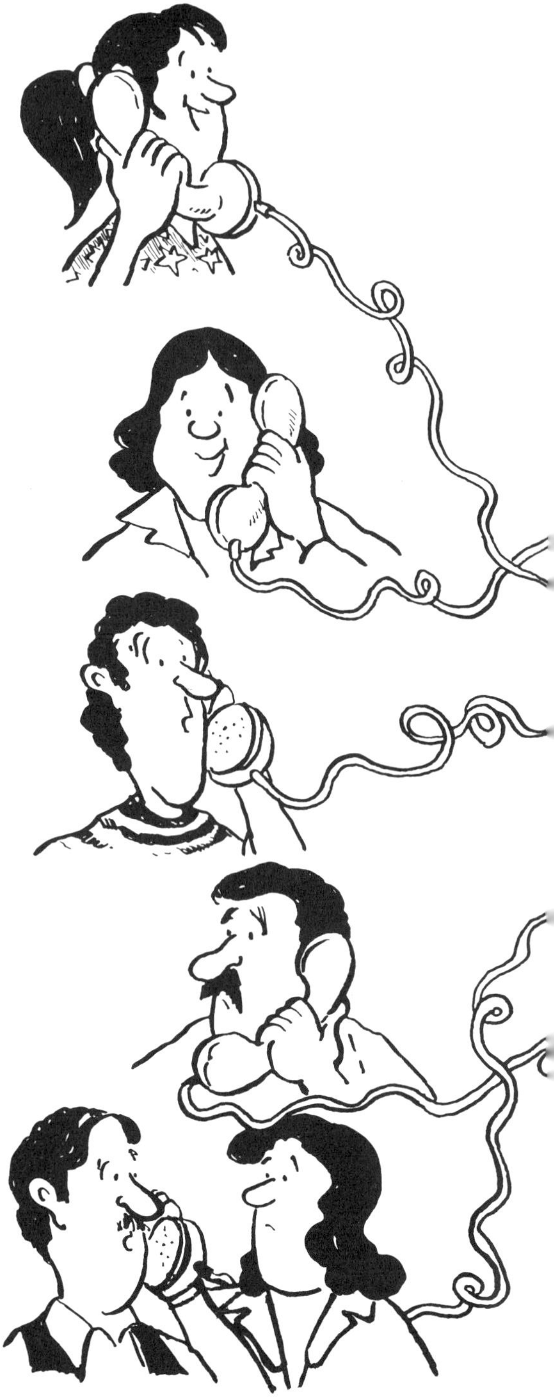

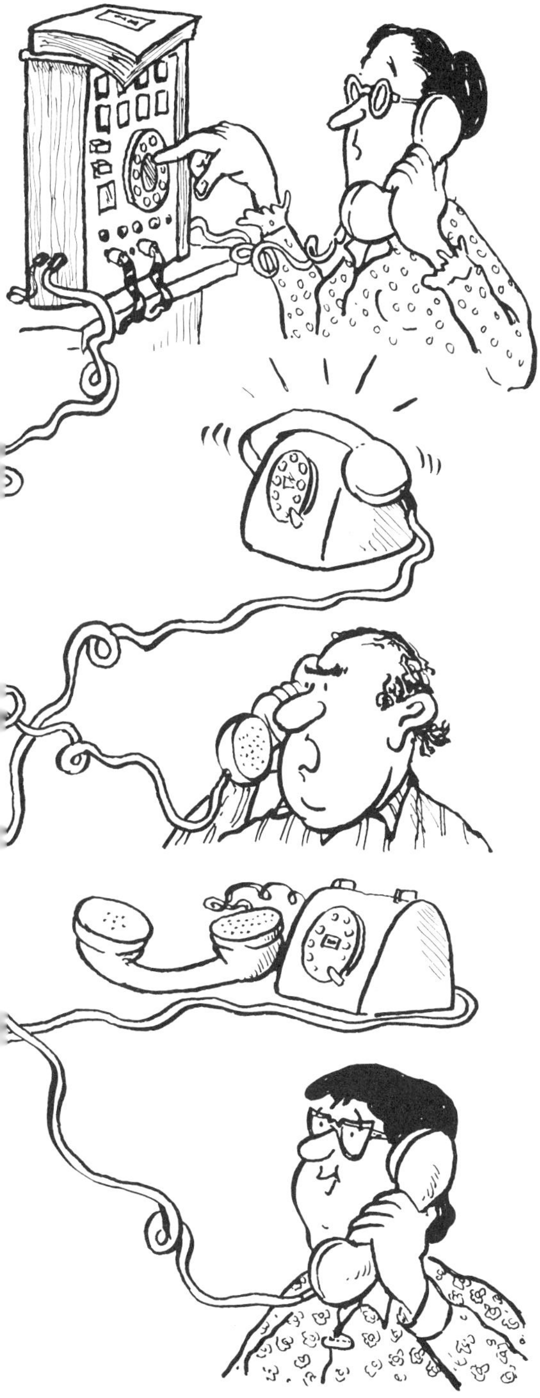

5

A: Ναι, ορίστε!
B: Σας παρακαλώ, μπορώ να μιλήσω με την Ελένη;
A: Ποιον θέλετε;
B: Τη δεσποινίδα Ελένη Λινάκη.
A: Λάθος κάνατε!
B: Συγνώμη!
A: Δεν πειράζει!

6

A: Τι αριθμό τηλεφώνου έχει η Στέλλα;
B: 597132
τίιιίτ! τίιιίτ! τιτ!
A: Πάλι μιλάει!

7

A: Πάρε το Γιώργο τηλέφωνο!
ντριννννν! ντριννν! ντριννν!
B: Δεν απαντάει.

8

Das Verb **κάνω** = machen

Υποτακτική	
1. Pers. Sing.	να κάνω

Beispiele:

Θέλω να κάνω ένα τηλεφώνημα.
Θέλω να κάνω μουσακά.
Θέλω να κάνω έναν περίπατο.

9

Θέλω να κάνω ένα τηλεφώνημα στο ... / στη(ν) ... *Gr. Seite 195*

Beachten Sie:

στο Μόναχο aber:	στην Αθήνα
στο Παρίσι	στη Ρώμη
στο Βερολίνο	στη Βιέννη
στο Αμβούργο	στη Φρανκφούρτη

10

Die Verben **περνώ** = hineingehen und **παίρνω** = wählen, nehmen

Imperativ			
Sing.		πάρε!	wähle, nimm!
Plur. περάστε!	geht hinein, gehen Sie hinein!	πάρτε!	wählt, wählen Sie, nehmen Sie!

11

Das Possessivpronomen *Gr. Seite 168*

Akkusativ		
2. Pers. Plur.	σας	(euren, euer, eure Ihren, Ihr, Ihre)

Beispiele:

Πάρτε στο τέλος τον αριθμό **σας**!
Πάρτε την εφημερίδα **σας**!
Πάρτε το λογαριασμό **σας**!
Δώστε τον αριθμό τηλεφώνου **σας**!
Δώστε μου μια στιγμή το βιβλίο **σας!**

12

Bilden Sie Sätze mit περάστε, πάρε, πάρτε und dem angegebenen Wortschatz.

	στο θάλαμο τέσσερα
περάστε	το Γιάννη τηλέφωνο
πάρε	τις ντομάτες μόνος σας
πάρτε	τη Μαρία τηλέφωνο
	τον αριθμό σας στο τέλος
	στο σπίτι
	από το καφενείο
	ένα σταφύλι
	τα φρέσκα φρούτα μόνος σας

13

Wandeln Sie den ersten Teil von Dialog 1 um, indem Sie andere Länder, Städte und Telefonnummern einsetzen.

a	b	c	d
D	Φρανκφούρτη	0049	611
F	Παρίσι	0033	1
I	Ρώμη	0039	6
A	Βιέννη	0043	222
S	Στοκχόλμη	0046	8

14

Das Verb **έχω** = haben

Präsens	
έχ**ω**	ich habe
έχ**εις**	du hast
έχ**ει**	er, sie, es hat
έχ**ουμε**	wir haben
έχ**ετε**	ihr habt, Sie haben
έχ**ουν**	sie haben

15

Beantworten Sie die Fragen.

Τι αριθμό τηλεφώνου έχεις;
Τι αριθμό τηλεφώνου έχει η/ο ...;

Τι αριθμό τηλεφώνου έχετε;
Τι αριθμό τηλεφώνου έχουν η ... και ο ...;

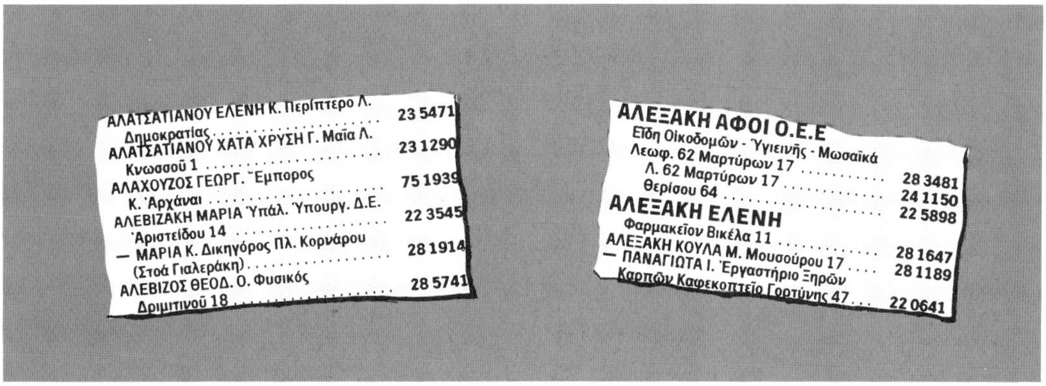

16

Nennen Sie sich gegenseitig im Kurs Ihre Telefonnummern (auf griechisch natürlich).

17 ●●

Hörverständnisübung

Notieren Sie die Telefonnummern von der Kassette.

18

Das Fragepronomen *Gr. Seite 171*

Sing.	Mask.	Neutr.	Fem.
Nom.	ποιος (welcher) (wer)	ποιο (welches)	ποια (welche)
Akk.	ποιον (welchen) (wen)	ποιο (welches)	ποια (welche)

19

Kombinieren Sie richtig.
Wie müssen die Fragen lauten?

κράτος;

πόλη;

ποιος

σε ποιο

είναι στο τηλέφωνο;

ποιον

σε ποια

θέλετε;

20

So meldet man sich auf griechisch, wenn man angerufen wird:

Εμπρός!

Ναι!

Ορίστε!

Λέγετε!

Λέγετε! Παρακαλώ!

Παρακαλώ!

Έλα!

So verlangen Sie jemanden am Telefon:

a Είναι ο κύριος …, σας παρακαλώ, εκεί; Είναι η κυρία …, σας παρακαλώ, εκεί; Είναι η δεσποινίδα …, σας παρακαλώ, εκεί;

b Μπορώ να μιλήσω με ….

c Τον κ … θα ήθελα, σας παρακαλώ!
Την κ …
Τη δ …

21

Führen Sie jetzt selbst Telefongespräche, und versuchen Sie dabei nach Möglichkeit, die folgenden Wendungen und den Wortschatz aus Nr. 20 zu verwenden.

Μια στιγμή περιμένετε να σας συνδέσω!
Λάθος κάνατε.
Ποιον θέλετε;
Ξαναπάρτε αργότερα, σας παρακαλώ!
Δυστυχώς, αυτή τη στιγμή δεν είναι εδώ.
Ποιος είναι στο τηλέφωνο;
Δεν απαντάει.

22

Sagen Sie:

a daß das Gespräch unterbrochen wurde
b daß Sie keinen Anschluß bekommen
c daß niemand ans Telefon geht
d daß es besetzt ist

Sie rufen an:

e verlangen Sie Herrn, Frau, Fräulein …
f sagen Sie, wer Sie sind
g entschuldigen Sie sich

23

Hören Sie die Wörter von der Kassette und lesen Sie laut.

θ **θ**έλω, **θ**άλαμος, αρι**θ**μός, **θ**α ή**θ**ελα, λά**θ**ος

οι σε π**οι**α, σε π**οι**ο, αν**οί**γει, π**οι**ος, δεσπ**οι**νίδα, π**οι**ον

δ **Δ**υτική Γερμανία, **δ**υστυχώς, **δ**ιέκοψε, Βελου**δ**ά, ε**δ**ώ, τον ί**δ**ιο, Λιγερί**δ**η, συν**δ**έσω

16

ΣΤΟ ΞΕΝΟΔΟΧΕΙΟ

1

ο κ.Τρίκος:	Παρακαλώ ένα δωμάτιο!
ο υπάλληλος:	Με ζεστό-κρύο νερό, ντουζ ή μπάνιο;
ο κ.Τρίκος:	Τι τιμές έχουν τα δωμάτια;
ο υπ.:	Το δωμάτιο με ζεστό-κρύο νερό κοστίζει 320 δραχμές, το δωμάτιο με ντουζ κοστίζει 450 δρχ. και το δωμάτιο με μπάνιο και τουαλέτα 680 δρχ.
ο κ.Τρίκος:	Δώστε μου, λοιπόν ένα δωμάτιο με ντουζ παρακαλώ!
ο υπ.:	Ναι, ευχαρίστως! Ορίστε! Το δωμάτιο 103 είναι λίγο μικρό αλλά πολύ ήσυχο.
ο κ.Τρίκος:	Καλά, δεν πειράζει. Ευχαριστώ πολύ!
ο υπ.:	Το κλειδί σας, κύριε!
ο κ.Τρίκος:	Αχ! Ναι, το ξέχασα. Καληνύχτα σας!
ο υπ.:	Καλόν ύπνο!

2

Κώστας και Άννα:	Υπάρχει ένα δίκλινο δωμάτιο;
ο υπάλληλος:	Για πόσες ημέρες;
Κ.και Α.:	Για μια βδομάδα.
ο υπ.:	Ναι, έχουμε ένα ωραίο, μεγάλο δωμάτιο με θέα προς τη θάλασσα.
Κ.και Α.:	Μπορούμε να το δούμε;
ο υπ.:	Μάλιστα! Ευχαρίστως! Ελάτε!

3

4

Η λάμπα είναι χαλασμένη.
Η καρέκλα είναι σπασμένη.
Ντουλάπα δεν υπάρχει.
Η τουαλέτα είναι βουλωμένη
Δεν πειράζει! Το κρεβάτι είναι εντάξει!
Α! Αααα!!! Θαυμάσια!!!

5

Verlangen Sie ein Zimmer im Hotel. Fangen Sie so an:

Παρακαλώ, ένα δωμάτιο …

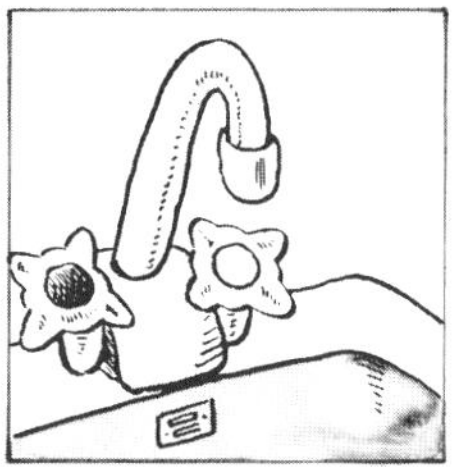

a με ζεστό-κρύο νερό

b με ντουζ

c με μπάνιο και τουαλέτα

d μονόκλινο

e δίκλινο

f μικρό

g μεγάλο

h ήσυχο

i με θέα προς τη θάλασσα

j ακριβό (980 δρχ.)

k φθηνό (250 δρχ.)

6

Τι τιμές έχουν τα δωμάτια;

Beantworten Sie die Frage mit Hilfe der Preisliste.

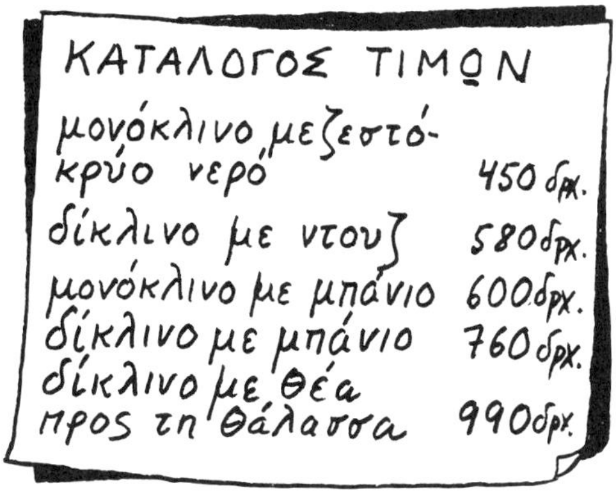

7

Das Verb **ξεχνώ** = vergessen
Gr. Seite 177

Aorist ξεχνώ		
	ξέχασα	sinngem.: ich habe vergessen

8

Das Personalpronomen im Akkusativ
Gr. Seite 166

Sing.	Mask.	Neutr.	Fem.
3. Pers.	το(ν) (ihn)	το (es)	τη(ν) (sie)
Plur.			
3. Pers.	τους (sie)	τα (sie)	τις (sie)

9

Machen Sie jemanden darauf aufmerksam, daß er etwas vergessen hat.

A: Το κλειδί σας!
B: Αχ! Ναι, το ξέχασα.

το(ν) το τη(ν)

10

Geben Sie an, daß Sie etwas vergessen haben.
Üben Sie mit den Gegenständen aus Übung 9.

Fangen Sie so an:
Ξέχασα το …

11

Das Verb **βλέπω** = sehen

Υποτακτική	
1. Pers. Sing.	να δω
1. Pers. Plur.	να δούμε

12

Wie würden Sie fragen, wenn Sie für sich allein sprechen würden?

Beispiele:

Μπορούμε να δούμε το δωμάτιο;
Μπορώ να δω το δωμάτιο;

Μπορούμε να δούμε τα φαγητά στην κουζίνα;
Μπορούμε να δούμε την εφημερίδα σας μια στιγμή, σας παρακαλώ;
Μπορούμε να δούμε την κάρτα;
Μπορούμε να δούμε το περιβόλι;
Μπορούμε να δούμε το Γιάννη στο καφενείο;
Μπορούμε να δούμε τα ροδάκινα;
Μπορούμε να δούμε τις ντομάτες;
Μπορούμε να δούμε το μπάνιο;

13

Stellen Sie die Fragen aus Übung 12 noch einmal.
Ersetzen Sie die Substantive durch Personalpronomina in der 3. Pers. Singular und Plural.

Beispiel:

Μπορούμε να δούμε το δωμάτιο;
Μπορούμε να το δούμε;

14

Das Fragepronomen *Gr. Seite 171*

Plur.	Fem.	
Nom. Akk.	πόσες πόσες	(wie viele)

Beispiel:

Για πόσες ημέρες; Für wie viele Tage?

15

Wiederholen Sie die Fragepronomen aus den bisherigen Lektionen. Fügen Sie die Satzteile sinnvoll zusammen.

a Τι	**1** κοστίζει ένα κιλό λάδι;
b Πώς	**2** είναι στο τηλέφωνο;
c Πόσο	**3** θέλετε;
d Πόσες	**4** πόλη θέλετε να πάτε;
e Πού	**5** κοστίζουν τα παγωτά;
f Ποιον	**6** κράτος θέλετε να κάνετε ένα τηλεφώνημα;
g Ποιος	**7** ονομάζεστε;
h Σε ποια	**8** είναι το ξενοδοχείο;
i Σε ποιο	**9** ψωνίζει ο κύριος Γιώργος στο μανάβικο;
j Πόσο	**10** ημέρες είστε στην Ελλάδα;

16

Geben Sie die gewünschte Aufenthaltsdauer im Hotel an.

Για πόσες ημέρες;

Για 1, 2, 3, 4, 7, 10, 14, 20, 30, 25, 15

Beachten Sie bei den Zahlen 1, 3, 4, 14 usw., daß **ημέρα** Femininum ist.

17

Hörverständnisübung

Hören Sie von der Kassette verschiedene Preisangebote für Hotelzimmer, Obst, Gemüse usw.
Äußern Sie sich dazu.
Folgende Antwortmöglichkeiten stehen Ihnen zur Verfügung:

a Ποπό! Είναι πολύ ακριβό!

b Ωραία! Δεν είναι και πολύ ακριβό

c Είναι βέβαια λίγο μικρό αλλά φθηνό.

d Εντάξει αλλά δεν είναι φθηνό.

e Παναγία μου! Τι ακριβό!

f Δεν πειράζει! Είναι ακριβό αλλά ήσυχο και με θέα προς τη θάλασσα.

g Ευχαριστώ αλλά είναι πάρα πολύ ακριβό.

18

Begründen Sie, warum Sie mit Ihrem Zimmer nicht zufrieden sind.
Verwenden Sie die Reklamationsmöglichkeiten aus Nr. 4.

A: Σας παρακαλώ, το δωμάτιο δεν μου αρέσει.

B: Γιατί δεν σας αρέσει;

A: Η τουαλέτα είναι βουλωμένη.

19

Hören Sie die Wörter von der Kassette und lesen Sie laut.

ξ ξενοδοχείο, ξέχασα, εντάξει

ζ ζεστό, ντουζ, κοστίζει, δεν πειράζει

17

ΖΗΤΕΙΤΑΙ - ΕΝΟΙΚΙΑΖΕΤΑΙ

1 ●●

Ο κύριος Ράπτης πρέπει να μείνει για πολύ καιρό στην Αθήνα. Έχει δουλειές εκεί. Πρέπει να νοικιάσει ένα διαμέρισμα μέσα στην πόλη.

κ.Ράπτης: Συγνώμη για την ενόχληση, έχετε ένα διαμέρισμα για νοίκιασμα;
κ.Αυγέρη: Ναι.
κ.Ράπτης: Πόσα δωμάτια έχει το διαμέρισμα;
κ.Αυγέρη: Υπάρχουν τρία δωμάτια, μία κουζίνα, μπάνιο και τουαλέτα.
κ.Ράπτης: Πού βρίσκεται ακριβώς;
κ.Αυγέρη: Στην οδό Αριστοτέλους 78.
κ.Ράπτης: Πόσο κοστίζει το ενοίκιο;
κ.Αυγέρη: 10.250 δρχ. το μήνα.
κ.Ράπτης: Από πότε ενοικιάζεται;
κ.Αυγέρη: Από το Σεπτέμβριο.
κ.Ράπτης: Μπορώ να το δω;
κ.Αυγέρη: Και βέβαια! Ελάτε αμέσως!
κ.Ράπτης: Εντάξει!
κ.Αυγέρη: Συγνώμη, κύριε! Ξέχασα! Πώς είναι το όνομά σας, παρακαλώ;
κ.Ράπτης: Ράπτης.
κ.Αυγέρη: Ευχαριστώ!

2 ●●

3

Wenn ein Zwang ausgedrückt werden soll, z.B. πρέπει να μείνω = ich muß bleiben, folgt nach dem Verb **πρέπει** = müssen ein Verb in Υποτακτική. (Das Verb πρέπει ist im Griechischen unpersönlich und kommt nur in der 3. Pers. Sing. vor.) *Gr. Seite 192*

Beispiele:

Πρέπ**ει** να πάω στο σπίτι.

Πρέπ**ει** να πάμε στο σπίτι.

Πρέπ**ει** να αγοράσω μία κρέμα ηλίου.

Πρέπ**ει** να αγοράσετε μία κρέμα ηλίου.

Die Verben **μένω** = bleiben und **νοικιάζω** = mieten

Υποτακτική		
1. Pers. Sing.	να μείνω	να νοικιάσω
2. Pers. Sing.	να μείνεις	να νοικιάσεις
3. Pers. Sing.	να μείνει	να νοικιάσει
1. Pers. Plur.	να μείνουμε	να νοικιάσουμε
2. Pers. Plur.	να μείνετε	να νοικιάσετε
3. Pers. Plur.	να μείνουν	να νοικιάσουν

4

Sie sehen sich eine Wohnung an. Die Vermieterin hat einige Fragen. Beantworten Sie die Fragen.

Για πόσο καιρό πρέπει να μείνετε στην Ελλάδα;
Γιατί πρέπει να μείνετε στην Ελλάδα;
Πρέπει να νοικιάσετε ένα διαμέρισμα μέσα στην πόλη;
Πρέπει να μείνει και η κυρία/ο κύριος εδώ;
Πρέπει να μείνουν και τα παιδιά σας;
Πρέπει να νοικιάσετε ένα μεγάλο διαμέρισμα λοιπόν;

5

Durch welche andere Ausdrücke läßt sich Συγνώμη για την ενόχληση und πώς είναι το όνομά σας* ersetzen?

a Ορίστε, τι θέλετε παρακαλώ;
b Ξέρετε πού είναι ο σταθμός λεωφορείων;
c Τι λες;
d Με συγχωρείτε πάρα πολύ.
e Πώς ονομάζεστε;
f Εμπρός;
g Πώς σας λένε;
h Συγνώμη κυρία/ κύριε/ δεσποινίς ...

* Vgl. Seite 8

6

Fragen Sie, ob es ein Zimmer, Haus oder eine Wohnung zu mieten gibt.

Beispiel:
Έχετε ένα δωμάτιο για νοίκιασμα;

7

Diese Verkehrsmittel können Sie auch mieten. Fragen Sie, wie in Übung 6.

8

Das Verb **βρίσκομαι** = sich befinden

Präsens	
βρίσκ**εται**	er, sie, es befindet sich

9

Das Fragepronomen *Gr. Seite 171*

Plur.	Neutr.	
Nom.	πόσα	(wie viele)
Akk.	πόσα	

Beispiel:
Πόσα δωμάτια έχει το σπίτι;

10

Πόσα oder πόσες?

Benützen Sie die Fragepronomen richtig.

πόσες πόσα	εφημερίδες διαβάζεις; τετράδια έχεις; δωμάτια υπάρχουν στο διαμέρισμα; παγωτά πρέπει να αγοράσω; πορτοκάλια θέλετε; ντομάτες θέλετε; ποδήλατα μπορούμε να νοικιάσουμε; δωμάτια ενοικιάζονται; τουαλέτες έχει το σπίτι; παιδιά έχετε; κυρίες είναι στο καφενείο;

11 ●●

Herr Ράπτης beschreibt seiner Frau die Wohnung, die er gesehen hat. Hören Sie die Beschreibung von der Kassette.

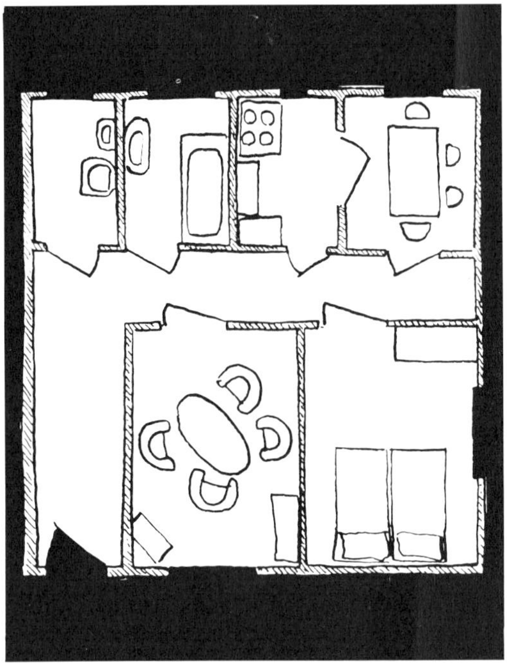

1 η κουζίνα-ες
2 το σαλόνι-α
3 ο διάδρομος-οι
4 η κρεβατοκάμαρα-ες
5 η τραπεζαρία-ες
6 το μπάνιο
7 η τουαλέτα-ες

12

Beschreiben Sie einem anderen Kursteilnehmer Ihre Wohnung.

13 ●●

Lernen Sie die Zahlen. *Gr. Seite 162*

1000 χίλια, χίλιες
1001 χίλια ένα, χίλιες μία
usw.

Beachten Sie:

χίλι**ες** δραχμές
χίλι**ες** διακόσι**ες** δραχμές

a Lesen Sie die Beispiele und achten Sie auf die Endung. *Gr. Seite 164*

1583 δρχ. { χίλιες πεντακόσιες ογδόντα τρεις } δρχ.

1837 δρχ. { χίλιες οκτακόσιες τριάντα επτά } δρχ.

b Lesen Sie die Preisangaben laut vor.

1424 δρχ.	1911 δρχ.	1766 δρχ.
1732 δρχ.	1041 δρχ.	1501 δρχ.
1083 δρχ.	1623 δρχ.	1212 δρχ.
1110 δρχ.	1900 δρχ.	1800 δρχ.

c Lesen Sie die Jahreszahlen laut vor.

1800, 1900, 1910, 1920, 1931, 1945, 1957, 1968, 1977, 1980, 1981, 1982

14 ●●

Weitere Zahlen *Gr. Seite 162*

2000 δύο χιλιάδες

Das Zahlwort χιλιάδες wird nicht gebeugt.

aber:

2200 δύο χιλιάδες διακόσια/διακόσι**ες** usw.

3000 τρεις χιλιάδες
4000 τέσσερις χιλιάδες
5000 πέντε χιλιάδες
6000 έξι χιλιάδες

Zählen Sie weiter bis 9000.

10.000 δέκα χιλιάδες
11.000 έντεκα χιλιάδες
12.000 δώδεκα χιλιάδες
13.000 δεκατρείς χιλιάδες
14.000 δεκατέσσερις χιλιάδες
usw.

20.000 είκοσι χιλιάδες
21.000 είκοσι μία χιλιάδες
30.000 τριάντα χιλιάδες
40.000 σαράντα χιλιάδες
50.000 πενήντα χιλιάδες
60.000 εξήντα χιλιάδες
usw.

Zählen Sie weiter bis 90.000.

15 ●●

Welche Preise haben die Waren?

Πόσο κοστίζει το αυτοκίνητο, ο γάιδαρος, η τηλεόραση, το ποδήλατο, το ραδιόφωνο, η βάρκα, το (ω)ρολόγι;

16

Beachten Sie:

το 1981 = im Jahre
το μήνα = im Monat

την εβδομάδα = in der Woche
την ημέρα = am Tag

17

Wie könnten die Fragen zu den nachstehenden Antworten lauten?

a Το ενοίκιο κοστίζει την ημέρα 175 δρχ.

b Το ενοίκιο κοστίζει την εβδομάδα 2.300 δρχ.

c Το ενοίκιο κοστίζει το μήνα 15.000 δρχ.

d Το ενοίκιο κοστίζει για δύο εβδομάδες 7.988 δρχ.

e Το ενοίκιο κοστίζει για τρεις μέρες 876 δρχ.

18 ●●

a Hören Sie die Monatsbezeichnungen von der Kassette.

(ο) Ιανουάριος, Φεβρουάριος, Μάρτιος, Απρίλιος, Μάιος, Ιούνιος, Ιούλιος, Αύγουστος, Σεπτέμβριος, Οκτώβριος, Νοέμβριος, Δεκέμβριος.

b από το(ν) – μέχρι το(ν)

Beispiel:

Πρέπει να μείνω στην Ελλάδα **από το** Σεπτέμβριο **μέχρι το** Μάρτιο.

Ergänzen Sie die Angaben wie im Beispiel.

Μπορούμε να πάμε στην Ιταλία (4)–(6);
Μπορούμε να νοικιάσουμε το σπίτι (8)–(10);
Θέλετε να νοικιάσετε τη βάρκα (9)–(11);
Πρέπει να μείνω στη Γερμανία (3)–(7);
Ο Γιάννης και η ΄Αννα μπορούν να μείνουν στο Παρίσι (2)–(5);

19

Führen Sie ein Gespräch mit einer Zimmervermieterin.
Die angegebenen Stichwörter sollen Ihnen helfen.

νοίκιασμα
δωμάτια
βρίσκεται
οδό
ενοίκιο
μήνα
από το(ν)
δω
βέβαια
ξέχασα

20

Hören Sie die Wörter von der Kassette und lesen Sie laut.

νοίκιασμα, ενόχληση, πρέπει να νοικιάσει, ενοίκιο, ενοικιάζεται, Αύγουστος, Φεβρουάριος, διάδρομος, κρεβατοκάμαρα, τραπεζαρία.

21

Lesen Sie die Anzeigen auf Seite 108

Versuchen Sie den Text zu verstehen.
Einige Wörter finden Sie hier übersetzt:

ένα διαμέρισμα δύο δωματίων	eine Zweizimmerwohnung
μέσα	in, innerhalb
έξω	aus, außerhalb

Beantworten Sie nun die Fragen.

Πόσα δωμάτια έχει το διαμέρισμα;
Από πότε ζητείται;
Μέχρι πότε ζητείται;
Πού ενοικιάζεται ένα ήσυχο διαμέρισμα;
Τι αριθμό τηλεφώνου έχει;

18

ΤΗΝ ΚΥΡΙΑΚΗ

1

ο Γιάννης: Γεια σου, Μανόλη! Έλά, πάμε στη θάλασσα για μπάνιο!

ο Μανόλης: Όχι, δεν μπορώ, έχω δουλειά.

ο Γιάννης: Έλα, τώρα, δεν πειράζει, αύριο η δουλειά. Σήμερα είναι Κυριακή!

ο Μανόλης: Όχι, δεν έρχομαι. Πάμε άλλη φορά για μπάνιο.

ο Γιάννης: Μα έλα, σήμερα κάνει πολλή ζέστη!

ο Μανόλης: Όχι, δεν βλέπεις; Πλένω το αυτοκίνητό μου!

ο Γιάννης: Έλα, Μανόλη, θα κάνουμε μπάνιο, θα έχουμε καλή παρέα, θα φάμε φρέσκο ψάρι, θα πιούμε ρετσίνα, μετά θα πάμε βόλτα και το βράδυ θα δούμε …

ο Μανόλης: Καλά, φίλε μου, εντάξει!
Έρχομαι!

ο Γιάννης: Άντε! Πάμε λοιπόν!

2

Γιάννης: Γεια σου, Λόλα!

Λόλα: Ποιος είναι;

Γ.: Εγώ ο Γιάννης.

Λ.: Α! Εσύ είσαι λοιπόν!

Γ.: Θα έρθεις για μπάνιο;

Λ.: Και γιατί, όχι;
Πότε; Πού; Ποιος θα είναι άλλος;

Γ.: Τώρα αμέσως, θα σε περιμένουμε στο σπίτι του Μανόλη, θα είμαστε εμείς κι εμείς.

Λ.: Δηλαδή;

Γ.: Εγώ, εσύ, ο Μανόλης, η Άννα …

Λ.: Πολύ ωραία! Αλλά ξέρεις, πρέπει να πάρω και το μικρό αδελφό μου μαζί.

Γ.: Ωχ! Πάλι;
Καλά, τι να κάνουμε;

Λ.: Ερχόμαστε αμέσως λοιπόν!

Γ.: Ναι, κάντε γρήγορα!

3

4

Η εβδομάδα έχει εφτά ημέρες:

(η) Δευτέρα, (η) Τρίτη, (η) Τετάρτη, (η) Πέμπτη, (η) Παρασκευή, (το) Σάββατο, (η) Κυριακή

5

Betrachten Sie die Bilder und beantworten Sie dann die Fragen.
Beachten Sie: **Τη** Δευτέρα = am Montag aber: **Το** Σάββατο = am Samstag

Την Κυριακή

Τη Δευτέρα

Την Τρίτη

Την Τετάρτη

Την Πέμπτη

Την Παρασκευή

Το Σάββατο

Πότε πάει ο Γιάννης για μπάνιο;
Πότε πάει η Μαρία στη δουλειά;
Πότε πάει για φαΐ στην ταβέρνα;
Πότε πάει περίπατο;
Πότε πάει ο Γιώργος βόλτα με το αυτοκίνητο;
Πότε πάει η Αγγελική στη Βόννη;
Πότε πάει ο Τάκης στο καφενείο;

6

Die Verben **βλέπω** = sehen, **ξέρω** = wissen, **πλένω** = waschen, **έρχομαι** = kommen, **πάω** = gehen

Präsens					
βλέπ**ω**	ich sehe	ξέρ**ω**	ich weiß	πλέν**ω**	ich wasche
βλέπ**εις**	du siehst	ξέρ**εις**	du weißt	πλέν**εις**	du wäschst
βλέπ**ει**	er, sie, es sieht	ξέρ**ει**	er, sie, es weiß	πλέν**ει**	er, sie, es wäscht
βλέπ**ουμε**	wir sehen	ξέρ**ουμε**	wir wissen	πλέν**ουμε**	wir waschen
βλέπ**ετε**	ihr seht, Sie sehen	ξέρ**ετε**	ihr wißt, Sie wissen	πλέν**ετε**	ihr wascht, Sie waschen

έρχ**ομαι**	ich komme	πά**ω**	ich gehe
έρχ**εσαι**	du kommst	πα**ς**	du gehst
έρχ**εται**	er, sie, es kommt	πά**ει**	er, sie, es geht
ερχ**όμαστε**	wir kommen	πά**με**	wir gehen
έρχ**εστε**	ihr kommt	πά**τε**	ihr geht, Sie gehen

7

Sie wollen mit einer Freundin/einem Freund gemeinsam etwas unternehmen. Beginnen Sie Ihren Vorschlag so: ΄Ελα, πάμε το Σάβ .../την Κυρ...
(Als Hilfe können Sie Übung 5 heranziehen.)

8

Reagieren Sie auf die Vorschläge aus Übung 7. Nehmen Sie an oder lehnen Sie ab.

a ΄Οχι, πάμε άλλη φορά!
b Καλά εντάξει!
c ΄Ερχομαι αμέσως!
d ΄Οχι, δεν μπορώ, έχω δουλειά.
e Μια στιγμή, σε παρακαλώ, έρχομαι!
f Περίμενε, έρχομαι!
g ΄Οχι, δεν έρχομαι.
h Με τα πόδια; ΄Οχι, φίλε μου, δεν έρχομαι.
i Καλά, φίλε μου, πάμε λοιπόν.
j Πολύ ευχαρίστως.
k Και γιατί, όχι;
l ΄Οχι, δεν μπορώ, δεν είμαι καλά.
m ΄Ερχομαι, γρήγορα. Περιμένετε στην πλατεία!

9

Futur wird mit der Partikel **θα** und dem Verb in der Futurform gebildet.
Gr. Seite 177

Beispiel: **Θα φάμε** φρέσκο ψάρι. Wir werden frische Fische essen.

	κάνω machen	έχω haben	τρώω essen	πίνω trinken	πάω gehen	βλέπω sehen
1. Pers. Sing. 1. Pers. Plur.	θα κάνω θα κάνουμε	θα έχω θα έχουμε	θα φάω θα φάμε	θα πιω θα πιούμε	θα πάω θα πάμε	θα δω θα δούμε

	περιμένω warten	έρχομαι kommen	είμαι sein
1. Pers. Sing.	θα περιμένω		
2. Pers. Sing.	θα περιμένεις	θα έρθεις	
3. Pers. Sing.	θα περιμένει		θα είναι
1. Pers. Plur.	θα περιμένουμε		θα είμαστε
2. Pers. Plur.	θα περιμένετε		

10

Versuchen Sie jemanden zu überreden, den morgigen Tag mit Ihnen zu verbringen. Schildern Sie, was Sie alles unternehmen werden.

Αύριο θα ...

11

Das Personalpronomen *Gr. Seite 165*

Sing.	Nom.	Akk.
1. Pers. 2. Pers.	εγώ (ich) εσύ (du)	με (mich) σε (dich)
Plur.		
1. Pers. 2. Pers.	εμείς (wir) εσείς (ihr) (Sie)	μας (uns) σας (euch) (Sie)

12

Wie werden Sofia, Manolis, Jannis, Lola, Andreas und Pavlos auf die Frage Ποιος θα είναι άλλος; antworten?

η Σοφία   ο Μανόλης   ο Γιάννης   η Λόλα   ο Αντρέας, η Κατίνα, η Μαίρη, ο Πέτρος, ο Παύλος …

a Εγώ και ο μικρός αδελφός μου.

b Εμείς κι εμείς.

c Εγώ.

d Εγώ και η Άννα.

e Εγώ και ο Κώστας.

13

Der bestimmte Artikel *Gr. Seite 140*

Sing.	Mask.	Fem.
Gen.	του	της

Beispiele:

Θα σε περιμένουμε στο σπίτι του Μανόλη.

Θα σε περιμένουμε στο σπίτι της Μαρίας.

14

Im Genitiv bekommen die Eigennamen* eine andere Endung.

a Bei den Maskulina auf -ης fällt das -ς weg! *Gr. Seite 148*

ο Μανόλης, Γιάννης, Μιχάλης, Δημήτρης

του Μανόλ**η**, Γιάννη, Μιχάλη, Δημήτρη

* Vgl. Seite 18

b Die Feminina auf -α bekommen ein -ς angehängt. *Gr. Seite 153*

η Μαρία, Άννα, Σοφία, Λόλα, Κατίνα	**της** Μαρία**ς**, Άννας, Σοφίας, Λόλας, Κατίνας

15

Lesen Sie die Fragen und suchen Sie rechts die passenden Antworten dazu.

a Γιώργος: Πού θα **με** περιμένε**ις**;
b Βόλφγκανγκ: Πού θα **με** περιμένε**τε**;
c Ρουτ και Άννα: Πού θα **μας** περιμένε**ις**;
d ο κύριος Σμιτ: Πού θα **με** περιμένε**τε**;
e η κυρία Σμιτ: Πού θα **με** περιμένε**τε**;
f ο κύριος και η κυρία Μάιερ: Πού θα **μας** περιμένε**τε**;

1 η κυρία Πόπη: Θα σας περιμένω στο σπίτι της Σοφίας.
2 Χανς: Θα σε περιμένω στο σπίτι της Μαρίας.
3 Κώστας και Πέτρος: Θα σε περιμένουμε στο σπίτι της Κατίνας.
4 ο κύριος Πετρόπουλος: Θα σας περιμένω στο καφενείο.
5 η κυρία Ηλιάδη: Θα σας περιμένω στην πλατεία.
6 Κατίνα: Θα σας περιμένω στο σπίτι του Λάκη.

16

Nun stellen Sie die Fragen auf griechisch. (Achten Sie auf die Wortstellung im Satz.)
Wo wirst du auf mich/uns warten? Wo werden Sie/werdet ihr auf mich/ uns warten?

17

Geben Sie verschiedene Treffpunkte an.

Θα σε/σας ...

18

Das Verb **παίρνω** = nehmen

Υποτακτική
1. Pers. Sing. να πάρω

Beispiel:

Πρέπει να πάρω και το μικρό αδελφό μου.

19 ●●

Hören Sie von der Kassette, was Λόλα sonst noch zum Baden mitnimmt. Einige Wörter kennen Sie schon.

η πετσέτα

το μαγιό

το καλάθι
με τα φαγητά

τα γυαλιά

20

Was nehmen Sie mit, wenn Sie zum Baden gehen?

Πρέπει να ...

21

Schlagen Sie einem Freund/einer Freundin vor, mit Ihnen am Sonntag ans Meer zum Baden zu gehen.

a Sagen Sie, daß Sie nicht können.
b Sagen Sie, daß Sie ein anderes Mal mitkommen werden.
c Sagen Sie, daß Sie kommen.
d Sagen Sie, daß Sie (alleine oder auch zu zweit) am Sonntag zum Baden gehen werden,
am Montag Fisch essen werden,
am Dienstag Retsina trinken werden,
am Mittwoch einen Spaziergang am Abend machen werden,
am Donnerstag nichts tun werden,
am Freitag Arbeit haben werden,
Sie am Samstag in netter Gesellschaft in der Taverna sein werden.
e Sagen Sie
zu jemandem, den Sie duzen, daß Sie auf ihn/sie bei Manoli warten,
zu jemandem, den Sie siezen, daß Sie auf ihn/sie am Kiosk warten.

22

Das Adjektiv *Gr. Seite 158*

Sing.	Mask.	Fem.	Plur.	Mask.	Fem.
Nom.	έτοιμος	έτοιμη		έτοιμοι	έτοιμες

23

a Fragen Sie die unten angegebenen Personen, ob sie fertig sind.

Beispiele:

Είσαι έτοιμος/η Γιώργο/ Μαρία;
- Όχι, δεν είμαι έτοιμος/η ακόμη.
- Ναι, είμαι έτοιμος/η.

Είστε έτοιμοι/ες Γιώργο, Γιάννη/ Μαρία, Λένα;
- Όχι, δεν είμαστε έτοιμοι/ες ακόμη.
- Ναι, είμαστε έτοιμοι/ες.

Είστε έτοιμ**οι** Γιώργο, Μαρία;
- Όχι, δεν είμαστε έτοιμ**οι.**
- Ναι, είμαστε έτοιμ**οι**.

Κώστα	Μιχάλη, Μανόλη	Λένα, Κατίνα	Σοφία
Λόλα	Τάκη, Λάκη	Κατερίνα, Γιώργο	Μαίρη

b Fragen Sie nun verschiedene Kursteilnehmer: Είσαι/Είστε ...

24

Hören Sie die Wörter von der Kassette und lesen Sie laut.

β **β**λέπω, **β**όλτα, **β**ράδυ, Σά**ββ**ατο, Φε**β**ρουάριος, **β**ερίκοκα, τα**β**έρνα, κρε**β**άτι, κρε**β**ατοκάμαρα, περι**β**όλι

αυ **αυ**τοκίνητο, **Αυ**στρία, **Αυ**στριακός, **Αυ**στριακή, **αυ**τό

αυ **αύ**ριο, **αυ**γό, **Αύ**γουστος,

γ ε**γ**ώ, **γ**ρήγορα

19

ΔΙΑΚΟΠΕΣ ΣΤΗΝ ΕΛΛΑΔΑ

1

Αντωνία: Λοιπόν, Λένα, ετοιμάζεστε για το ταξίδι στην Ελλάδα;

Λένα: Ναι, είμαστε σχεδόν έτοιμοι. Εσείς;

Αντωνία: Ναι, κι εμείς. Πότε θα φύγετε ακριβώς;

Λένα: Έχουμε άδεια από τις 30 Ιουλίου μέχρι τις 27 Αυγούστου.

Αντωνία: Αύριο, δηλαδή;

Λένα: Ναι, πρωί-πρωί. Θα πάμε με το αυτοκίνητο, κι εσείς επίσης;

Αντωνία: Όχι, εμείς θα πάμε φέτος με το αεροπλάνο. Δυστυχώς δεν έχουμε πολλές ημέρες άδεια και θέλουμε να κάνουμε διακοπές στο χωριό μου στην Πελοπόννησο.

Λένα: Θα περάσετε σίγουρα πολύ ωραία! Τώρα πρέπει να πάω για ψώνια στα μαγαζιά. Ουφ! Και δεν ξέρω ακριβώς τι δώρα να ψωνίσω.

	Μάλλον θα αγοράσω μια ζακέτα για τη γιαγιά, ένα φόρεμα για την αδελφή μου, μια μπλούζα για τη μητέρα, ένα ζευγάρι παπούτσια για τον παππού και για τις θείες και τους θείους, τον αδελφό μου, τον γιο του Γιάννη, την κόρη της Σοφίας ...;
Αντωνία:	Άντε, γεια σου και καλές διακοπές λοιπόν!
Λένα:	Γεια σου! Γεια σου! Ευχαριστώ επίσης!

2 ●●

Lesetext

Lena geht einkaufen. Sie ist mit den Gedanken bei der Reise.

Θα φύγουμε το πρωί από τη Γερμανία. Θα περάσουμε από την Αυστρία και τη Γιουγκοσλαβία, θα είμαστε σε τριάντα ώρες στα ελληνικά σύνορα. Σε δύο ώρες θα είμαστε στη Θεσσαλονίκη. Τι χαρά μεγάλη! Όλοι οι συγγενείς και οι φίλοι θα περιμένουν εκεί. Θα κάνει πολλή ζέστη. Θα πάμε στο χωριό. Εκεί θα δούμε τον παππού και τη γιαγιά. Θα φάμε φρέσκα ψάρια και θα πιούμε κρύα ρετσίνα. Το βράδυ θα κάνουμε βόλτα στην πλατεία. Θα πάμε στο αμπέλι και στο περιβόλι. Μετά λίγες μέρες θα πάμε στη θάλασσα για μπάνιο. Τι ωραία θα περάσουμε!

θα περάσουμε από ...	wir werden durch ... fahren
ώρες	Stunden
στα ελληνικά σύνορα	an der griechischen Grenze
τι χαρά μεγάλη	welch eine große Freude
οι συγγενείς	die Verwandten
οι φίλοι	die Freunde
θα περιμένουν	sie werden warten
κρύα ρετσίνα	der kühle Retsina
μετά λίγες μέρες	nach ein paar Tagen
τι ωραία θα περάσουμε	wie schön werden wir die Zeit verbringen

3

Das Verb **ετοιμάζομαι** = sich vorbereiten

Präsens	
ετοιμάζ**εσαι**	du bereitest dich vor
ετοιμάζ**εστε**	ihr bereitet euch vor, Sie bereiten sich vor

4

Bilden Sie weitere Dialoge nach dem Muster:

A: Λοιπόν, Λένα, ετοιμάζεσαι για το ταξίδι στην Ελλάδα;

B: Ναι, είμαι σχεδόν έτοιμη.
Όχι, δεν είμαι ακόμη έτοιμη.

a Μαρία - Ιταλία
b Γιώργο - Γαλλία
c κυρία Δημητριάδη - Ελλάδα
d Εύα - Σουηδία
e κύριε Ηλιάδη - Αυστρία
f Κατερίνα - Γερμανία
g δεσποινίς Αργυροπούλου - Αγγλία

5 ●●

Die Beugung der Monatsnamen im Genitiv. Lesen Sie laut vor und betonen Sie richtig.

Ιανουαρί**ου**, Φεβρουαρί**ου**, Μαρτί**ου**, Απριλί**ου**, Μαΐ**ου**, Ιουνί**ου**, Ιουλί**ου**, Αυγούστ**ου**, Σεπτεμβρί**ου**, Οκτωβρί**ου**, Νοεμβρί**ου**, Δεκεμβρί**ου**.

6 ●●

Από τις ... μέχρι τις *Gr. Seite 163*

A: Πότε έχετε/έχεις άδεια;

B: Έχουμε/έχω άδεια από τις 30 Ιουλίου μέχρι τις 27 Αυγούστου.

a	2/5–15/6	**e**	30/12–7/1
b	17/6–18/7	**f**	11/2–19/3
c	22/8–10/9	**g**	9/4–19/5
d	12/10–25/11	**h**	1/7–31/7

7

Das Verb **φεύγω** = weggehen

Futur		Υποτακτική	
θα φύγουμε	wir werden weggehen	1. Pers. Sing.	να φύγω
θα φύγετε	ihr werdet weggehen, Sie werden weggehen		

8 ●●

Hören Sie den erweiternden Wortschatz von der Kassette.

a Πώς θα πάτε στην Ελλάδα;

Θα πάμε με …

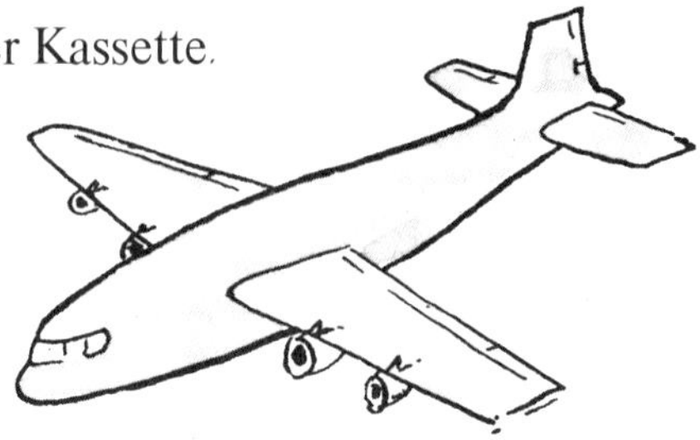

το αεροπλάνο

το αυτοκίνητο

το τρένο

το λεωφορείο

το καράβι

b Πού θα πάτε στην Ελλάδα;

Berücksichtigen Sie bei den Städte- und Gebietsnamen den bestimmten Artikel.

Θα πάμε στη(ν) …

στο …

στα …

στο(ν)	στο	στη(ν)		στα
Βόλο	Ρέθυμνο	Ήπειρο	Κρήτη	νησιά
Πειραιά	Ηράκλειο	Μακεδονία	Χαλκιδική	Χανιά
Πολύγυρο	Λιτόχωρο	Θράκη	Αθήνα	Ιωάννινα
Τύρναβο		Θεσσαλία	Θεσσαλονίκη	Γρεβενά
		Στερεά Ελλάδα	Πάτρα	Τρίκαλα
		Εύβοια	Λάρισα	
		Πελοπόννησο		

9

Beschreiben Sie mit Hilfe der Karte, zu welchem Ort in Griechenland Sie mit welchem Verkehrsmittel fahren können.

Μπορώ/ μπορούμε να πάω/πάμε στην Πάτρα με το καράβι.

10

Η ελληνική οικογένεια –
οι συγγενείς

ο παππούς-δες
η γιαγιά-δες
ο πατέρας-ες ή ο μπαμπάς-δες
η μητέρα-ες ή μαμά-δες
ο αδελφός-οί
η αδελφή-ές
ο γιος-οι
η κόρη-ες
ο θείος-οι
η θεία-ες

11

Substantive im Maskulinum mit dem bestimmten Artikel *Gr. Seite 145ff.*

Singular		
Nom.	ο	παππούς, πατέρας, αδελφός, γιος, θείος
Akk.	το(ν)	παππο**ύ**, πατέρ**α**, αδελφ**ό**, γι**ο**, θεί**ο**
Plural		
Nom.	οι	παππούδες, πατέρες, αδελφοί, γιοι, θείοι
Akk.	τους	παππούδες, πατέρες, αδελφο**ύς**, γιο**υς**, θείο**υς**

Beachten Sie am Substantiv die Endungen im Akkusativ.

12

Das Verb **αγοράζω** = kaufen

Futur	
θα αγοράσω	ich werde kaufen
θα αγοράσεις	du wirst kaufen
θα αγοράσετε	ihr werdet kaufen, Sie werden kaufen

13

Bilden Sie Dialoge nach dem Muster. Die Bilder helfen Ihnen.

A: Τι δώρα θα αγοράσεις/σετε για την οικογένεια;

B: Μια ζακέτα για τη γιαγιά, ... τσιγάρα για τους παππούδες, ...

το μίξερ, το ράδιο, το κασετόφωνο

20

ΕΝΑ ΤΑΞΙΔΙ ΜΕ ΤΟ ΛΕΩΦΟΡΕΙΟ

1 ●●

Εύα:	Είναι εδώ η στάση του λεωφορείου για τα Χανιά;
η κυρία Πόπη:	Ναι, εδώ είναι.
Εύα:	Πότε θα έρθει το λεωφορείο;
η κυρία Πόπη:	Στις 10 η ώρα ακριβώς!
Εύα:	Πού μπορούμε να αγοράσουμε τα εισιτήρια;
η κυρία Πόπη:	Μέσα στο λεωφορείο. Καθήστε πέντε λεπτά!

2 ●●

ΜΕΣΑ ΣΤΟ ΛΕΩΦΟΡΕΙΟ

η κυρία Πόπη:	Από πού είστε;
Εύα:	Από τη Γερμανία.
η κυρία Πόπη:	Από ποια πόλη;
Εύα:	Από τη Νυρεμβέργη.

η κυρία Πόπη: Α! Από τη Νυρεμβέργη! Έχω συγγενείς εκεί. Δουλεύουν εδώ και πολλά χρόνια στη Γερμανία. Έχετε μέρες στην Κρήτη;

Εύα: Ναι, τρεις εβδομάδες.

η κυρία Πόπη: Ωραία! Ωραία! Σας αρέσει η Κρήτη;

Εύα: Ναι, είναι θαυμάσια!

η κυρία Πόπη: Είστε παντρεμένη;

Εύα: Ναι, αυτός είναι ο άντρας μου.

η κυρία Πόπη: Έχετε παιδιά;

Εύα: Όχι, δεν έχουμε παιδιά.

η κυρία Πόπη: Όχι; Γιατί δεν έχετε παιδιά; Να κάνετε! Εγώ έχω τέσσερα.

Εύα: Ναι, ίσως αργότερα. Τώρα δουλεύω.

η κυρία Πόπη: Τι δουλειά κάνετε;

Εύα: Είμαι δασκάλα. Πώς το λένε αυτό το χωριό;
η κυρία Πόπη: Αυτό είναι το χωριό μου, το Πετροχώρι.
Εύα: Α! Είναι πολύ όμορφο χωριό.
η κυρία Πόπη φωνάζει: Στάση, παρακαλώ!
η κυρία Πόπη: Αντίο σας! Καλό ταξίδι!
Εύα: Αντίο! Ευχαριστώ πολύ!

3

ΜΕΣΑ ΣΤΟ ΣΤΑΘΜΟ ΛΕΩΦΟΡΕΙΩΝ

Καρλ: Δύο εισιτήρια για το Ηράκλειο, σας παρακαλώ! Τι ώρα φεύγει το λεωφορείο;
ο υπάλληλος: Τώρα στις έντεκα και μισή.
Καρλ: Το βράδυ δεν έχει λεωφορείο;
ο υπάλληλος: Ναι, στις επτά η ώρα.
Καρλ: Πότε θα είμαστε στο Ηράκλειο;
ο υπάλληλος: Το λεωφορείο φτάνει στις δώδεκα η ώρα τα μεσάνυχτα εκεί.
Καρλ: Α! Είναι αργά!

4

Fragen Sie nach der Bushaltestelle.
Beispiel:
Είναι εδώ η στάση **του** λεωφορεί**ου** για τα Χανιά;

Θεσσαλονίκη, Ιωάννινα, Λάρισα, Βόλος, Τρίκαλα, Πάτρα, Αθήνα, Ρέθυμνο

5

Der bestimmte Artikel *Gr. Seite 140*

Sing.	Neutr.
Gen.	του

6

Schauen Sie sich die Bilder an und geben Sie dann mit Hilfe der passenden Wörter den genauen Standort der Haltestelle an.

μέσα στο χωριό, δίπλα από …, απέναντι από …, έξω από το χωριό, πίσω από …, εδώ κοντά, πολύ μακριά, αριστερά από, δεξιά από

7

Τι ώρα είναι;

Είναι τρεις η ώρα ακριβώς.

Είναι εννέα η ώρα και τέταρτο.

Είναι τέσσερις και είκοσι τέσσερα (λεπτά).

Είναι τέσσερις και μισή.

Είναι μία παρά τέταρτο.

Είναι μία παρά πέντε (λεπτά).

Είναι δώδεκα ακριβώς.

Είναι δώδεκα και πέντε (λεπτά).

Είναι δώδεκα και μισή.

Είναι μεσημέρι (12.00)
Είναι μεσάνυχτα (24.00).

8

Beachten Sie: **η** ώρα aber **τα** λεπτά

Beispiele:

Είναι **μία** η ώρα και **τρία** (λεπτά).
Είναι **τρεις** η ώρα και **τέσσερα** (λεπτά).

Geben Sie die Uhrzeit an.

10.15,	1.30,	17.40,	11.50,	9.30,
24.00,	6.45,	7.15,	15.35,	16.05,
12.00,	4.20,	3.10,	13.13,	13.00

9

Die Verben **φτάνω** = ankommen, **φεύγω** = wegfahren, **έρχομαι** = kommen, **αγοράζω** = kaufen

Präsens			
φτάνει	er, sie, es kommt an	φεύγει	er, sie, es fährt weg
Futur			
θα έρθει	er, sie, es wird kommen		
Υποτακτική			
1. Pers. Plur. να αγοράσουμε			

Das Verb **είμαι** = sein

Futur	
θα είμαι	ich werde sein
θα είσαι	du wirst sein
θα είναι	er, sie, es wird sein
θα είμαστε	wir werden sein
θα είστε	ihr werdet, Sie werden sein
θα είναι	sie werden sein

10

a Erkundigen Sie sich, wann der Bus von ... wegfährt und in ... ankommt.

Beispiele:

Πότε φεύγει το λεωφορείο από τα Χανιά;
Πότε φτάνει το λεωφορείο στο Ηράκλειο;
Πότε θα είμαστε στο Ηράκλειο;
Πότε θα είναι το λεωφορείο στο Ηράκλειο;

Hier ist die Reiseroute.

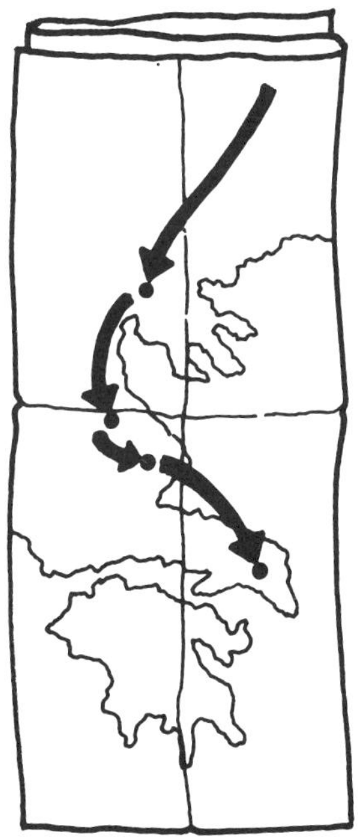

Θεσσαλονίκη
Λάρισα
Βόλος
Αθήνα

b Stellen Sie nach diesem Muster eine eigene Reiseroute zusammen. Nehmen Sie auch die Griechenlandkarte von Seite 126 zu Hilfe.

11

στις 10.00 **η ώρα** = um 10.00 Uhr

μ. (μεσημέρι)	mittags
π.μ.(προ μεσημβρίας)	vor 12.00 Uhr
μ.μ.(μετά μεσημβρίας)	nach 12.00 Uhr

Diese Abkürzungen werden nur schriftlich verwendet.

Im mündlichen Sprachgebrauch benützt man:

πρωί-πρωί	4.00– 7.00 Uhr
πρωί	7.00–12.00 Uhr
μεσημέρι	12.00–15.00 Uhr
απόγευμα	15.00–18.00 Uhr
βράδυ	18.00–22.00 Uhr
νύχτα	22.00– 4.00 Uhr
μεσάνυχτα	24.00 Uhr

12

Beantworten Sie die Fragen, die Sie unter dem Busfahrplan finden.

ΚΤΕΛ ΧΑΝΙΩΝ - ΡΕΘΥΜΝΗΣ

ΕΔΡΑ ΧΑΝΙΑ

ΧΕΙΜΕΡΙΝΑ ΔΡΟΜΟΛΟΓΙΑ

Γραμμῆς Χανίων - Ἡράκλειο ἰσχύοντα ἀπὸ 1-11-80

ΑΠΟ ΧΑΝΙΑ ΠΡΟΣ ΗΡΑΚΛΕΙΟΝ

5.30	π.μ.	Νέα	ὁδός
7.30	π.μ.	»	»
8.30	π.μ.	Παλαιά	»
10.30	π.μ.	Νέα	»
12.30	μ.μ.	Παλαιά	»
2.15	μ.μ.	Νέα	»
3.30	μ.μ.	»	»
6	μ.μ.	»	»

ΑΠΟ ΡΕΘΥΜΝΟΝ ΠΡΟΣ ΧΑΝΙΑ

7.30	π.μ.	Παλαιά	ὁδός
9.15	π.μ.	Νέα	»
11.00	π.μ.	Παλαιά	»
12.00	μ.	Νέα	»
3.00	μ.μ.	Νέα	»
3.00	μ.μ.	Παλαιά	»
5.45	μ.μ.	Νέα	»
7.45	μ.μ.	Νέα	»

ΑΠΟ ΗΡΑΚΛΕΙΟΝ ΠΡΟΣ ΧΑΝΙΑ

6.30	π.μ.	Παλαιά	ὁδός	
7.30	π.μ.	Νέα	»	
8.30	π.μ.	Παλαιά	»	
10.15	π.μ.	Νέα	»	
12.30	μ.μ.	Παλαιά	»	
1.30	μ.μ.	Νέα	»	
2.15	μ.μ.	Παλαιά	»	ΡΕΘΥΜΝΟΝ
4.15	μ.μ.	Νέα	»	
6.00	μ.μ.	»	»	

ΑΠΟ ΡΕΘΥΜΝΟΝ ΠΡΟΣ ΗΡΑΚΛΕΙΟΝ

6.45	π.μ.	Νέα	ὁδός
7.30	π.μ.	Παλαιά	»
9.00	π.μ.	Νέα	»
11.00	π.μ.	Παλαιά	»
12.00	μ.	Νέα	»
2.30	μ.μ.	Παλαιά	»
3.30	μ.μ.	Νέα	»
5.00	μ.μ.	Νέα	»
7.30	μ.μ.	Νέα	»

Πότε φεύγει το λεωφορείο από τα Χανιά το πρωί;
Πότε φεύγει το λεωφορείο από το Ρέθυμνο το μεσημέρι;
Πότε φεύγει το λεωφορείο από το Ηράκλειο το απόγευμα;
Πότε φεύγει το λεωφορείο από το Ρέθυμνο το βράδυ;

13

Folgende Reise ist geplant. Erkundigen Sie sich nach Abfahrts- und Ankunftszeiten der verschiedenen Verkehrsmittel.

Πότε φεύγει … και πότε φτάνει …

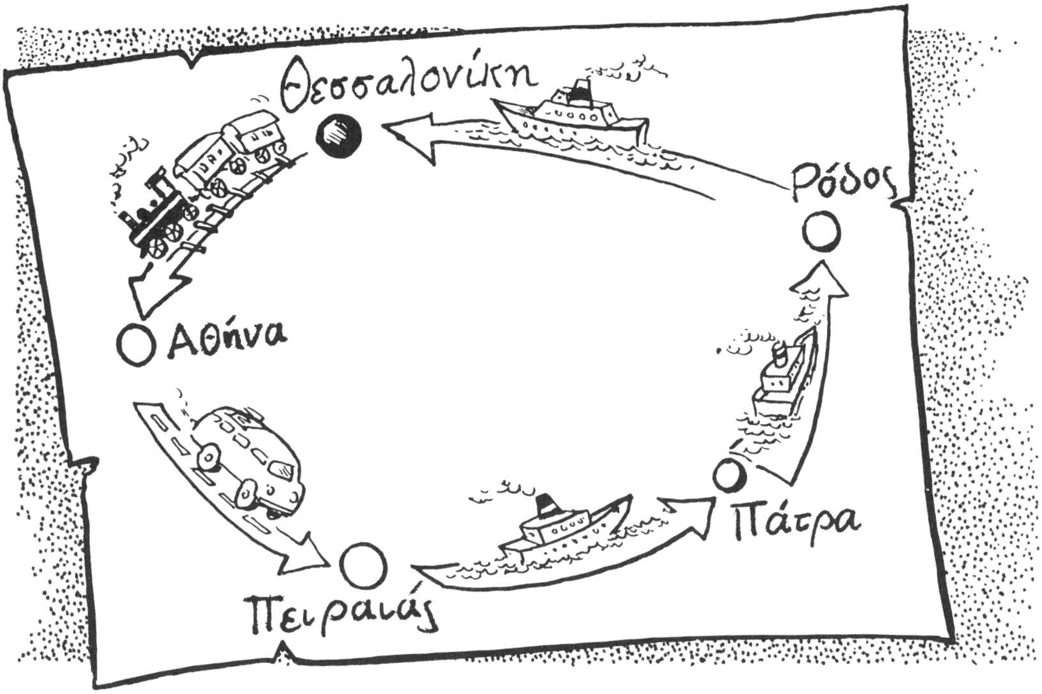

14

Üben Sie mit einem Partner:

A: Από πού είστε;
B: Από τη Γερμανία

A: Από ποια πόλη;
B: Από τη Νυρεμβέργη.

Ελβετιά -η Βέρνη, το Λουτσέρνο, η Ζυρίχη
Γερμανία -η Κολωνία, το Βερολίνο, το Αμβούργο
Αυστρία -η Βιέννη, το Γκρατς, το Ίνσμπρουκ
Ιταλία -το Μιλάνο, η Ρώμη, η Φλωρεντία
Γαλλία -το Παρίσι, η Μαρσαλία, η Νίτσα

15

Ordnen Sie die Auskünfte (rechts) den passenden Fragen (links) zu.

Έχετε μέρες στην Πελοπόννησο;
Σας αρέσει η Πελοπόννησος;
Έχετε τώρα διακοπές;
Πού πάτε τώρα;
Ξέρετε πολύ καλά ελληνικά;
Είναι η Νυρεμβέργη μια μεγάλη πόλη;
Υπάρχουν Έλληνες εκεί;
Έχετε μία φίλη Ελληνίδα;

Ναι, έχουμε διακοπές από τις 3.8 μέχρι τις 14.9.
Ναι, υπάρχουν.
Ναι, μου αρέσει πάρα πολύ, είναι θαυμάσια.
Πάμε με το λεωφορείο στη Λάρισα.
Είμαστε εδώ και είκοσι μέρες στην Πελοπόννησο.
Όχι, δεν είναι μία πολύ μεγάλη πόλη.
Όχι, δεν ξέρω πολύ καλά, τώρα μαθαίνω.
Ναι, έχω μία φίλη Ελληνίδα.

16

Geben Sie an, wie lange Sie in … bleiben werden.

2 Monate, 3 Monate, 1 Woche, 5 Tage, 2 Tage, 15.7.–20.8., 4.4.–18.4.

Θέλω να μείνω …

c Stellen Sie noch weitere mögliche Fragen.
Έχετε παιδιά; Πόσα;
Τι δουλειά κάνετε;

17

a Wie muß die Frage „είστε παντρεμένη;“ lauten, wenn sie an einen Mann gerichtet wird? *Vgl. Lektion 18*

b Befragen Sie sich gegenseitig im Kurs.

18

Das Demonstrativpronomen
Gr. Seite 169

Sing. Mask.	Neutr.	Fem.
Nom. αυτός (dieser)	αυτό (dieses)	αυτή (diese)

19 ●●

a So können Sie Ihre Familie vorstellen:

Αυτός είναι ο άνδρας μου.

Αυτή είναι η γυναίκα μου.

Αυτό είναι το παιδί μου.

b Nehmen Sie an, daß dieses Photo Ihre Familie darstellt.
Stellen Sie den anderen Kursteilnehmern die Familienmitglieder vor.

Vgl. Lektion 19

20

Der unbestimmte Artikel *Gr. Seite 140*

Sing.	Mask.	Neutr.	Fem.
Nom.	ένας	ένα	μία ή μια

21

Τι δουλειά κάνεις/κάνετε;

a Hören Sie den Text und ordnen Sie die Berufsbezeichnungen den abgebildeten Personen zu.

ο δάσκαλος, ο χωροφύλακας,
η νοσοκόμα, ο γιατρός, ο έμπορας,
η γραμματέα, ο μηχανικός αυτοκινήτων, ο υπάλληλος, ο κτίστης

b Fragen Sie Ihren Lehrer, wie Ihr Beruf auf griechisch heißt.

c ένας ή μία;

Zeigen Sie auf die Bilder und fragen Sie Ihren Tischnachbar im Kurs.

A: Τι είναι αυτός;
B: Αυτός είναι ένας δάσκαλος.

22

Das Verb **δουλεύω** = arbeiten

Präsens	
δουλεύ**ω**	ich arbeite
δουλεύ**εις**	du arbeitest
δουλεύ**ει**	er, sie, es arbeitet
δουλεύ**ουμε**	wir arbeiten
δουλεύ**ετε**	ihr arbeitet, Sie arbeiten
δουλεύ**ουν**	sie arbeiten

23

Beantworten Sie die Fragen.

Δουλεύεις στη Γερμανία;
Τι δουλειά κάνεις;
Σου αρέσει η δουλειά σου;
Δουλεύεις σήμερα;
Ποια δουλειά σας/σου αρέσει;
Πού δουλεύετε;
Δουλεύετε και την Κυριακή;
Πού δουλεύει ο δάσκαλος, η νοσοκόμα, ο χωροφύλακας, ο γιατρός, ο υπάλληλος;

24

a Fragen Sie:

wo die Bushaltestelle nach Thessaloniki ist
wann der Bus kommt
wo Sie die Fahrkarten kaufen können
wann der Bus in Patras ankommt.
Verlangen Sie im Bus zwei Fahrkarten.
Rufen Sie, daß Sie aussteigen wollen.

Sagen Sie:

daß sich die Bushaltestelle außerhalb des Dorfes, neben dem Café befindet
daß der Bus um 11.30 Uhr ankommt
daß es die Fahrkarten im Bus gibt.
Geben Sie eine Zeit an.

b Beantworten Sie die Fragen.

Είναι εδώ η στάση του λεωφορείου;
Πότε θα έρθει το λεωφορείο;
Πού μπορώ να αγοράσω ένα εισιτήριο;
Από πού είστε;

Από ποια πόλη;
Σας αρέσει η Πελοπόννησος;
Είστε παντρεμένη/παντρεμένος;
Έχετε παιδιά;
Τι ώρα φεύγει το λεωφορείο;

21

ΣΙΓΑ-ΣΙΓΑ

1

Μη λέτε ψέματα! Αυτές οι ξένες δεσποινίδες ήταν εδώ πολλές ώρες!
'Οχι! Αυτός ο κύριος ήταν πρώτος!
Σιγά-σιγά! Μην κάνετε τόση φασαρία!
Πόσες θέσεις υπάρχουν ακόμη; Δεν ξέρω
Φύγε!
Γιατί; Εγώ ήμουν πρώτη!

2

Das Verb **είμαι** im Imperfekt
Gr. Seite 144, 186
Die am häufigsten benützte Vergangenheitsform ist der Aorist. Das Verb είμαι bildet jedoch eine Ausnahme und kommt nur im Imperfekt vor.

Imperfekt	
ήμουν	ich war
ήσουν	du warst
ήταν	er, sie, es war
ήμαστε*	wir waren
ήσαστε*	ihr wart, Sie waren
ήταν	sie waren

3

Beantworten Sie die Fragen.
Benützen Sie dazu die untenstehenden Wörter.

Πού ήταν η κυρία Ντίνα διακοπές;
Πώς ήταν το δωμάτιο στο ξενοδοχείο;
Ποιος ήταν στο τηλέφωνο;
Πώς ήταν το φαΐ στην Ελλάδα;
Πώς ήταν το ταξίδι στη Γιουγκοσλαβία;
Πού ήσουν/ήσαστε την Κυριακή το βράδυ;
Πότε ήσουν/ήσαστε στην Ελλάδα;

ο κύριος ..., έτσι κι έτσι, δεν ωραίο, ταβέρνα για, ήσυχο, καλοκαίρι το 1979, Πελοπόννησο, την άνοιξη

* in der Umgangssprache auch ήμασταν und ήσασταν.

4

Das Demonstrativpronomen
Gr. Seite 169

Plur.	Fem.	
Nom.	αυτές	(diese, die)
Akk.	αυτές	

Beispiele:

Αυτές οι ξένες **δεσποινίδες** ήταν πρώτες.
Αυτός ο κύριος ήταν πρώτος.
Αυτή η γυναίκα είναι παντρεμένη.
Αυτό το χωριό είναι ωραίο.
Αυτές οι κυρίες ψωνίζουν φρέσκα λαχανικά.

Beachten Sie:

Wenn nach dem Demonstrativpronomen ein Substantiv folgt, steht vor diesem Substantiv der bestimmte Artikel. *Gr. Seite 169*
Beispiel:

Αυτός ο κύριος είναι ξένος.

5

Die Beugung von **πρώτος, πρώτο, πρώτη** *Gr. Seite 164, 158*

Sing.	Mask.	Neutr.	Fem.
Nom.	πρώτος	πρώτο	πρώτη
Plur.			
Nom.	πρώτοι	πρώτα	πρώτες

6

Wie verteidigen sich die Personen?

7

Beschreiben Sie die Gegenstände und Personen.
Benützen Sie die angegebenen Adjektive.

Beispiel:

Αυτό το μήλο είναι ωραίο.

πρώτος, ήσυχο, φθηνό, ακριβή, μεγάλο, ξένες

8 ●●

a Das Wörtchen **μη(ν)** drückt ein Verbot aus. *Gr. Seite 175*

Μην καπνίζετε!
Μη φάτε αυτά τα σταφύλια!
Μην πιείτε αυτό το νερό!
Μην κάνετε φασαρία!
Μη λέτε ψέματα!
Μην κάνετε το λογαριασμό!
Μην κάθεστε όλη την ημέρα στον ήλιο!
Μη μιλάτε τώρα γερμανικά!
Μην πάτε με τα πόδια, είναι μακριά!

b Verändern Sie die Aufforderungen von oben, indem Sie andere Wörter benützen.

- με το λεωφορείο, είναι εδώ κοντά -
- πολύ κρασί -
- μπάνιο εδώ -
- βλακείες (Blödsinn) -
- αυτά τα λαχανικά -
- τώρα αγγλικά -
- στην καρέκλα είναι σπασμένη -
- πολλά τσιγάρα

9

Welcher Ausdruck paßt zu welcher Situation?

Παναγία μου! Πέρασε πάλι το πεντακοσάρικο!
Ποπό! Τι ακριβό! Φύγε! Μην κάνετε τόση φασαρία! Σιγά - σιγά!

a Jemand soll etwas langsamer tun.
b Jemand soll leiser sein.
c Sie wundern sich über die hohe Rechnung.
d Sie finden etwas sehr teuer.
e Sie drücken Ihre Bewunderung für etwas aus.
f Jemand soll verschwinden.

10

Mit welchen Äußerungen können Sie sich verteidigen, wenn Sie zur Seite gedrängt werden?

Έλα εδώ αμέσως!
Περιμένετε, σας παρακαλώ!
Συγνώμη, κύριε, εγώ ήμουν πρώτος/η!
Σιγά - σιγά!
Ευχαρίστως! Περάστε!
Με συγχωρείτε, εγώ ήμουν εδώ!
Με τη σειρά, παρακαλώ!
Στη σειρά, κυρία μου!
Πάμε περίπατο!
Πόσες θέσεις υπάρχουν ακόμη;
Φύγε!

22

ΓΡΡΡ... ΓΡΡΡ... ΓΡΡΡ...

1

ΣΤΟ ΣΥΝΕΡΓΕΙΟ ΑΥΤΟΚΙΝΗΤΩΝ

Τάκης:	Ουφ! Επιτέλους!
Μηχανικός:	Τι συμβαίνει;
Τάκης:	Δεν ξέρω, δεν παίρνει μπρος!
Μηχανικός:	Άναψε τη μηχανή!
Μηχανή:	Γρρ . . . γρρ . . . γρρ . . . γρρ (τίποτα!)
Μηχανικός:	Η μίζα του αυτοκινήτου είναι εντάξει! Άνοιξε το καπό!
Τάκης:	Η μπαταρία είναι καινούργια.
Μηχανικός:	Τότε ή το καρμπιλατέρ είναι χαλασμένο ή το μπουζί.
Τάκης:	Λες; Ίσως!
Μηχανικός:	Για να δούμε!

2 ●●

ΣΤΟ ΒΕΝΖΙΝΑΔΙΚΟ

Νίκος:	Τι γίνεται, Μιχάλη;
Μιχάλης:	Ας λέμε καλά!
Νίκος:	Βάλε 20 λίτρα βενζίνη απλή, σε παρακαλώ!
Μιχάλης:	Ναι, αμέσως!
Νίκος:	Κοίταξε και τα λάδια!
Μιχάλης:	Μισό λίτρο χρειάζεται.
Νίκος:	Βάλε απλό κι αυτό!
Μιχάλης:	Τα λάστιχα δεν έχουν αρκετό αέρα.
Νίκος:	Βάλε! Ο αέρας είναι τζάμπα!
Μιχάλης:	Πάλι ταξιδάκι;
Νίκος:	Όχι, μια μικρή βόλτα μόνο.

3

Die Verben **ανάβω** = anmachen und **ανοίγω** = aufmachen

Imperativ

άναψε!	mach an!	άνοιξε!	mach auf!
ανάψτε!	macht an, machen Sie an!	ανοίξτε!	macht auf, machen Sie auf!

4 ●●

a Άναψε/Ανάψτε . . .

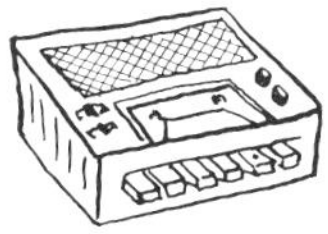
το κασετόφωνο

την τηλεόραση

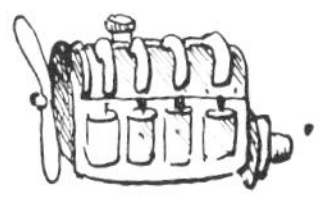
τη μηχανή

το φως

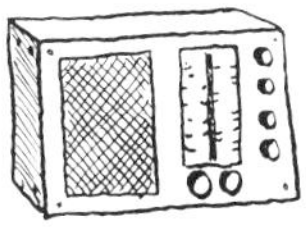
το ράδιο

το φούρνο

το σπίρτο

τη φωτιά

b Άνοιξε/Ανοίξτε . . . . .

το καπό

την πόρτα

το παράθυρο

το πορτ-μπαγκάζ

το μπουκάλι

το αυτοκίνητο

την τσάντα

τη βαλίτσα

c Fordern Sie jetzt andere Kursteilnehmer auf, das Licht anzumachen, die Tür zu öffnen usw.

5

Das Adjektiv *Gr. Seite 158f.*

Sing.	Mask.	Neutr.	Fem.
Nom.	χαλασμένος καινούργιος	χαλασμένο καινούργιο	χαλασμένη καινούργι**α**

Plur.	Mask.	Neutr.	Fem.
Nom.	χαλασμένοι καινούργιοι	χαλασμένα καινούργια	χαλασμένες καινούργιες

6

το αυτοκίνητο-α

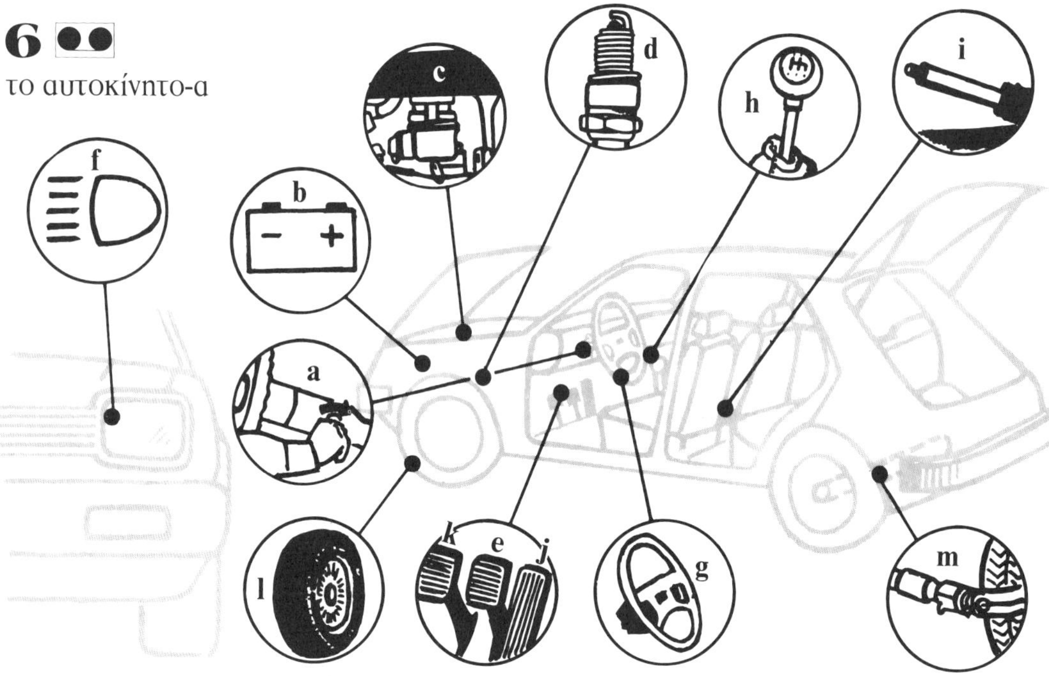

a η μίζα — Anlasser
b η μπαταρία-ες — Batterie
c το καρμπιλατέρ — Vergaser
d το μπουζί- — Zündkerze
e το φρένο-α — Bremse
f το φως-τα — Licht
g το τιμόνι-α — Lenkrad
h η ταχύτητα-ες — Gang
i το χειρόφρενο-α — Handbremse
j το γκάζι — Gas
k ο συμπλέκτης — Kupplung
l το λάστιχο-α — Reifen
m ο άξωνας-ες — Achse

7

Das Verb **χρειάζομαι** = brauchen

Präsens	
χρειάζ**ομαι**	ich brauche
χρειάζ**εσαι**	du brauchst
χρειάζ**εται**	er, sie, es braucht
χρειαζ**όμαστε**	wir brauchen
χρειάζ**εστε**	ihr braucht, Sie brauchen
χρειάζ**ονται**	sie brauchen

8

Τι συμβαίνει; Was ist los?
Fragen und antworten Sie wie im Muster. Benützen Sie den Wortschatz aus Nr. 5, 6 und 7.

A: Τι συμβαίνει;
B: Τα φρένα είναι χαλασμένα.
Χρειάζεται καινούργια.
A: Τι συμβαίνει;
B: Το μπουζί είναι χαλασμένο.
Χρειάζεται καινούργιο.

9

Beantworten Sie die Fragen.

Τι χρειάζεσαι για το ταξίδι στην Ελλάδα;
Τι χρειάζεται το αυτοκίνητο;
Τι χρειάζεσαι για μια σαλάτα;

λάδι, αέρα, τα γυαλιά, ελληνικά, ντομάτες, αγγούρι, τυρί, μπαταρία, δραχμές ...

10

a Τι γίνεται;
Τι κάνεις/κάνετε;
Πώς πας/πάτε;

Wie geht's Dir/Ihnen/euch?

Mögliche Antworten:

Θαυμάσια!
Ωραία!
Πάρα πολύ καλά!
Πολύ καλά!

Είμαι καλά!
Καλά-καλά!
Καλά!
Μια χαρά!

Ας λέμε καλά!
Έτσι κι έτσι!
Όχι και τόσο καλά!

Δεν είμαι καλά!
Άσχημα!

b Fragen Sie nach dem Befinden Ihrer Kurskollegen.

11

Das Adjektiv *Gr. Seite 158*

Sing.	Mask.	Neutr.	Fem.
Nom.	απλός, αρκετός	απλό, αρκετό	απλή, αρκετή
Akk.	απλό, αρκετό	απλό, αρκετό	απλή, αρκετή

12

Unterhalten Sie sich mit einem Tankstellenwart/Automechaniker.

A: Βάλτε βενζίνη!
B: Απλή;
A: Ναι!
B: Πόσα λίτρα;

εσείς		ο μηχανικός
Βάλε/Βάλτε Κοίταξε/Κοιτάξτε	βενζίνη συμπλέκτη αέρα φώτα μπαταρία πετρέλαιο μπουζί λάστιχα μίζα λάδι	λίτρο/λίτρα απλός-ό-ή σούπερ αρκετός-ό-ή χαλασμένος-ο-η τζάμπα καινούργιος-ο-α εντάξει

23

ΚΑΛΩΣ ΟΡΙΣΕΣ

1

ο κυρ-Παύλος:	Ε, Αντώνη! Γεια σου! Καλώς όρισες!
ο Αντώνης:	Καλώς σας βρήκα!
ο κυρ-Παύλος:	Η οικογένεια πώς πάει;
ο Αντώνης:	Μια χαρά! Όλοι πολύ καλά!
ο κυρ-Παύλος:	Πότε ήρθατε;
ο Αντώνης:	Μόλις χτες το απόγευμα.
ο κυρ-Παύλος:	Για διακοπές, ε;
ο Αντώνης:	Όχι, κυρ-Παύλο, αυτή τη φορά για πάντα εδώ.
ο κυρ-Παύλος:	Σοβαρά;
ο Αντώνης:	Ναι! Δεκαπέντε χρόνια στη Γερμανία, δουλειά-σπίτι-δουλειά! Φτάνει!
ο κυρ-Παύλος:	Έχεις δίκιο, παλληκάρι μου! Αλλά κι εδώ τι νομίζεις είναι; Διακοπές και καλοπέραση;
ο Αντώνης:	Όχι, αλλά ....
ο κυρ-Παύλος:	Τι αλλά; Εσύ τουλάχιστον κάπου αλλού πήγες, κάτι άλλο είδες ... Έκανες και λίγα λεφτά.
ο Αντώνης:	Ναι, ναι ... αλλά μια ζωή την έχουμε!

2

Lesetext

Έτσι. Είκοσι χρόνια. Εφτά χιλιάδες τρακόσιες μέρες – κάπου χίλια κοψίματα κάθε μέρα - δυο κοψίματα στο λεφτό - είναι η νόρμα - εγώ του τα' κανα αυτά τα μετρήματα. Εφτά χιλιάδες τρακόσια τα βράδια, τα τέτοια βράδια - αυτά τα μέτρησε μόνος του - το κάθε βράδι με τον καημό του.

Η Γερμανία, η Στουτγκάρτη, κτίρια μεγάλα, δρόμοι φωτισμένοι, κέντρα, θεάματα - όλα του μείνανε ξένα, πεντάξενα, μακριά απ' αυτόν, αδιάφορα, ανύπαρκτα - μια μάντρα κλεισμένη γύρω του. Ψηλή, κλειστή, γύρω-γύρω, με κάποιες μικρές, χαμηλές πορτούλες - ανοίγει η μια κάθε πρωί - βγάζει στην ΑΕΓΚ- ανοίει η άλλη το μεσημέρι - στην καντίνα βγάζει μονάχα - το βράδι ανοίγεται η τρίτη - φαίνεται να 'ναι μεγάλη, πλατύτερη - πουθενά δε βγάζει κι αυτή, στο σταθμό μονάχα, στο ελληνικό καφενείο, στο χάιμ-και ξανακλείνουνε πίσω του κάθε φορά πού περνάει.

Αυτή'ταν η Γερμανία του Σκουρογιάννη.

Wörter zum Textverständnis

έτσι	so
τα χρόνια	Jahre
κάπου	ungefähr
τα κοψίματα	Schnitte
κάθε μέρα	jeden Tag
η νόρμα	die Norm
εγώ του τα'κανα	ich habe es für ihn gemacht
αυτά	diese
τα μετρήματα	die Rechnung
τέτοια	solche
μέτρησε	er hat gezählt
μόνος του	er selbst
κάθε βράδυ	jeden Abend
ο καημός-οί	Schmerz
του	seinem
το κτίριο	Gebäude
φωτισμένος-ο-η	beleuchtet
το κέντρο-α	Zentrum
το θέαμα-τα	Schauspiel
του	ihm
μείνανε	blieben
πεντάξενα	sehr fremd
απ' αυτόν	von ihm
αδιάφορα	uninteressant
η μάντρα-ες	Mauer
κλεισμένη	geschlossene
γύρω του	um ihn herum
ψηλή	hoch
κλειστή	geschlossen
γύρω-γύρω	ringsherum
κάποιες	irgendwelche
χαμηλές	niedrige
η πορτούλα-ες	kleine Türen
βγάζει	führt
μονάχα	nun
φαίνεται να'ναι	es scheint zu sein
πλατύτερη	breiter
πουθενά	nirgendwo
δε (δεν)	nicht
ξανακλείνουνε	wieder schließen
που περνάει	wenn er vorbei geht
ο Σκουρογιάννης	griech. Name

3

Die Verben **έρχομαι** = kommen, **πάω** = gehen, **βλέπω** = sehen, **κάνω** = machen im Aorist.

Der Aorist ist die gebräuchlichste Vergangenheitsform im Griechischen. Er entspricht vom Gebrauch her dem deutschen Perfekt. *Gr. Seite 177*

Aorist	έρχομαι	πάω	βλέπω	κάνω
1. Pers. Sing.	ήρθα	πήγα	είδα	έκανα
2. Pers. Sing.	ήρθες	πήγες	είδες	έκανες
1. Pers. Plur.	ήρθαμε	πήγαμε	είδαμε	κάναμε
2. Pers. Plur.	ήρθατε	πήγατε	είδατε	κάνατε

4

Bilden Sie kleine Dialoge mit den Verben aus Nr. 3 und den Stichwörtern in der rechten Spalte. Orientieren Sie sich an den Beispielen in der linken Spalte.

A: Πότε ήρθες Μαρία; B: Ήρθα χτές το βράδυ.	Μαρία, Ελένη, Χανς, Ρουτ, Ματίνα, Γιάννη το βράδυ, μόλις χτες, χτες το απόγευμα, σήμερα το πρωί, τα μεσάνυχτα, τη Δευτέρα το μεσημέρι
A: Πού πήγες για διακοπές; B: Πήγα στην Ιταλία.	για διακοπές, για φαΐ, για μπάνιο, με το αυτοκίνητο, ταξίδι στην Ιταλία, ταβέρνα, γιατρό, ελαιώνα, θάλασσα, κάπου αλλού
A: Τι είδατε στην Ελλάδα; B: Είδαμε αμπέλια, ελαιώνες, και περιβόλια.	στην Ελλάδα, δρόμο, πόλη, χωριό, αγορά, αυτοκίνητα, λεωφορεία, καταστήματα, σπίτια, γάιδαρο, φρούτα, λαχανικά, μουσείο, ταχυδρομείο, κάτι άλλο
A: Τι έκανες την Κυριακή; B: Πήγα περίπατο.	την Κυριακή, χτες, το βράδυ, το πρωί, Τετάρτη, Παρασκευή, Γερμανία θάλασσα, τηλεόραση, βόλτα, στο σπίτι της Λόλας, το φαΐ, το λογαριασμό, λίγα λεφτά

5

Unterscheiden Sie:

αυτή τη φορά, άλλη φορά, μερικές φορές

Reagieren Sie auf folgende Äußerungen:

a Έλα! Πάμε στο καφενείο!
b Δεν ανοίγει η γραμμή!
c Δεν κατάλαβες;
d Έλα! Πάμε για μπάνιο!
e Μιλάει!
f Ήρθατε για διακοπές;
g Θα πάτε στην Ελλάδα;

6

Hören Sie die Dialoge von der Kassette und achten Sie auf die unterstrichenen Wörter.

a Φτάνει!!!

b ε

A: Για διακοπές, ε;
B: Ναι, μάλλον.

c σοβαρά

A: Θέλω να μείνω για πάντα στην Ελλάδα.
B: Σοβαρά;

d έχεις δίκιο

A: Δουλειά, σπίτι, δουλειά, φτάνει τώρα!
B: Έχεις δίκιο,.

7

Wann können Sie φτάνει, ε, σοβαρά, έχεις δίκιο, δεν έχεις δίκιο benützen?

a Sie geben jemandem recht.
b Sie drücken Ihre Verwunderung aus.
c Sie betonen eine Frage oder einen Ausruf.
d Sie haben von etwas genug.
e Jemand hat unrecht.

8

Das Verb **νομίζω** = meinen

Präsens	
νομίζ**εις**	du meinst

9

Wie könnten Sie auf die Aussagen a–h reagieren?
Wählen Sie die in Frage kommenden Äußerungen aus.

a Στην Ελλάδα υπάρχει πολλή δουλειά και λίγα λεφτά, θέλω να πάω στο εξωτερικό για δουλειά.
b Στην Ελλάδα υπάρχει μόνο ήλιος.
c Στη Γερμανία κάνει το χειμώνα ζέστη.
d Μια ζωή την έχουμε!
e Στη Γερμανία δεν μου αρέσει, θέλω να πάω στην Ελλάδα.
f Στη Γερμανία υπάρχουν πολλές βιομηχανίες.
g Στην Ελλάδα υπάρχουν μόνο ελαιώνες, αμπέλια και περιβόλια.
h Όποιος έχει μια ελιά, έχει και μια σιγουριά, αλλά και πολύ δουλειά.

Τι λες;
Δεν πειράζει.
Σοβαρά;
Και βέβαια!
Με τη σειρά!
Αλλά εκεί δεν έχει καφενείο!
Για διακοπές!
Μάλιστα!
Να πάτε! Να πάτε!
Έχεις δίκιο, παλληκάρι μου!
Ε!
Α! Θαυμάσια!
Φύγε!
Καλόν ύπνο!
Καλώς όρισες!
Αλλά κι εκεί τι νομίζεις είναι;
Διακοπές και καλοπέραση;

10 ●●

Hörverständnisübung

Sie treffen Ihren alten Freund Γιώργος im Dorf.
Beantworten Sie die Fragen, die er Ihnen stellt.

11

Ein Lied

Γιάννη μου το μαντήλι σου ist ein altes Volkslied, das von einem heute noch aktuellen Problem in Griechenland handelt – der Emigration. Eine Mutter singt vom Heimweh ihres Sohnes, der in die Fremde gegangen ist.

Γιάννη μου το μαντήλι σου	Janni
*	*
Γιάννη μου το μαντήλι σου, τι τόχεις λερωμένο βρε Γιάννη Γιαννάκι μου βρε παλληκαράκι μου	Mein Janni, wie hast du Dein Taschentuch schmutzig gemacht. Mein Kind, mein kleiner Janni, mein Kind, mein kleiner Held.
*	*
Το λέρωσε η Ξενιτιά, τα έρημα τα Ξένα βρε Γιάννη Γιαννάκι μου βρε καλό παιδάκι μου	Die Tränen in der Fremde haben es schmutzig gemacht. Mein Kind, mein kleiner Janni, mein Kind, mein gutes Kindchen.
*	*
Πέντε ποτάμια τόπλεναν, κι έβαψαν και τα πέντε βρε Γιάννη Γιαννάκι μου βρε παλληκαράκι μου	Fünf Flüsse haben es gewaschen, und die fünf haben sich verfärbt. Mein Kind, mein kleiner Janni, mein Kind, mein kleiner Held.

12

Verbinden Sie die Sätze mit **αλλά** = aber. *Gr. Seite 196*

Beispiel:

Στην Ελλάδα έχουμε δουλειά. Στην Ελλάδα έχουμε και καλοπέραση.
Στην Ελλάδα έχουμε δουλειά, **αλλά** και καλοπέραση.

Στη Γερμανία έχουμε δουλειά. Στη Γερμανία έχουμε και διακοπές.
Οι διακοπές ήταν ωραίες. Έκανε πάρα πολύ ζέστη.
Αυτό το χωριό μου αρέσει πολύ. Είναι πολύ μακριά με τα πόδια.
Το αυτοκίνητο είναι πολύ ωραίο. Χρειάζεται πολύ βενζίνη.
Το διαμέρισμα έχει θέα προς τη θάλασσα. Είναι ακριβό.
Το δωμάτιο είναι φθηνό. Είναι στο δρόμο.
Στην πόλη υπάρχει δουλειά και λεφτά. Υπάρχουν ακριβά διαμερίσματα, πολλά αυτοκίνητα και μεγάλη φασαρία.
Όποιος έχει μια ελιά έχει και μια σιγουριά. Έχει και πολλή δουλειά.
Το σπίτι έχει ένα περιβόλι. Δεν υπάρχουν φρούτα.

24

ΤΑ ΡΟΥΧΑ

1

Η κυρία Χαρούλα πήγε χτες στα καταστήματα και αγόρασε ένα φόρεμα. Δεν είχε πολύ καιρό, ήταν βιαστική. Στο σπίτι το φόρεμα δεν της αρέσει πλέον γιατί δεν της κάνει. Ξαναπάει στο κατάστημα νεωτερισμών.

η κ. Χαρούλα:	Συγνώμη, δεσποινίς μου, χτες αγόρασα αυτό το φόρεμα, αλλά δυστυχώς δεν μου κάνει, μπορώ να το αλλάξω, σας παρακαλώ;
η πωλήτρια:	Γιατί δεν σας κάνει; Μήπως είναι πολύ στενό;
η κ. Χαρούλα:	Όχι, μου είναι πολύ φαρδύ. Δείξτε μου κάτι άλλο!
η πωλήτρια:	Τι μέγεθος φοράτε;
η κ. Χαρούλα:	44, περίπου.
η πωλήτρια:	Ποιο χρώμα σας αρέσει;
η κ. Χαρούλα:	Το κόκκινο.
η πωλήτρια:	Ελάτε εδώ! Κοιτάξτε!
η κ. Χαρούλα:	Αυτό μπορώ να το προβάρω;
η πωλήτρια:	Πολύ ευχαρίστως!

2

Die Verben **πάω** = gehen, **βλέπω** = sehen, **κάνω** = machen, **έρχομαι** = kommen, **αγοράζω** = kaufen

Aorist	πάω	βλέπω	κάνω	έρχομαι	αγοράζω
1. Pers. Sing.	πήγα	είδα	έκανα	ήρθα	αγόρασα
3. Pers. Sing.	πήγε	είδε	έκανε	ήρθε	αγόρασε

3

a Τι έκανε η κυρία Κατίνα χτες;
Πού πήγε;
Τι αγόρασε;

παπούτσια, φόρεμα, παλτό, μπουκάλι κρασί, φρούτα, ζακέτα, πουκάμισο, άντρα, αυγά, ψωμί, τυρί, κρέας, αυτοκίνητο, τηλεόραση, ποδήλατο, γυαλιά, εφημερίδες, κοτόπουλα

b Ποιος ήρθε χτες στο σπίτι της Κατίνας;

ο θείος, η θεία, ο αδελφός, η αδελφή, ο φίλος, η φίλη, οι συγγενείς, η γιαγιά, το ψητό, τα παιδιά, ο Γιώργος, η Ελένη, ο κύριος Λινάκης, ο γιατρός

c Ποιον είδε η κυρία Κατίνα χτες στην αγορά;

κυρία Μαίρη, ξένες δεσποινίδες, ξένο κύριο, την τηλεόραση, τον κύριο Κωστόπουλο και την κυρία Κωστοπούλου

d Wohin sind Sie gestern gegangen, was haben Sie eingekauft und wen haben Sie getroffen?

4

Das Verb έχω bildet ebenfalls eine Ausnahme (vgl. Seite 144) und kommt nur im Imperfekt vor. *Gr. Seite 177, 186*

Imperfekt	
είχα	ich hatte
είχες	du hattest
είχε	er, sie, es hatte
είχαμε	wir hatten
είχατε	ihr hattet, Sie hatten
είχαν	sie hatten

6

Beantworten Sie zuerst die Fragen auf griechisch und richten Sie sie dann an Ihre Kurskollegen.

Τι είχες/είχατε χτες για φαΐ;
Πότε είχες/είχατε αυτή την εβδομάδα σχολείο;
Πότε είχες/είχατε καιρό για μπάνιο;
Είχες/είχατε πολλή δουλειά σήμερα;
Πότε είχες/είχατε άδεια;

5

Τι είχε ο Γιάννης στη Γερμανία;
Beantworten Sie die Frage.

διαμέρισμα, δωμάτιο, δουλειά, λεφτά, λίγο καιρό, παιδιά, γυναίκα, άδεια, περιβόλι, καλοπέραση

7

Das Personalpronomen im Genitiv
Gr. Seite 166

Sing.	Mask.	Fem.
3. Pers.	του sinngem.: (ihm)	της sinngem.: (ihr)

8

Das Verb κάνω kann als unpersönliches Verb in der 3. Pers. Singular und Plural in der Bedeutung von *es paßt* verwendet werden. Im Gegensatz zum Deutschen steht das Personalpronomen im Genitiv. *Gr. Seite 166*

μου κάνει/κάνουν	es/sie paßt/passen mir
σου κάνει/κάνουν	es/sie paßt/passen dir
της κάνει/κάνουν	es/sie paßt/passen ihr
του κάνει/κάνουν	es/sie paßt/passen ihm
σας κάνει/κάνουν	es/sie paßt/passen euch/Ihnen

9

Τα ρούχα

η φούστα-ες

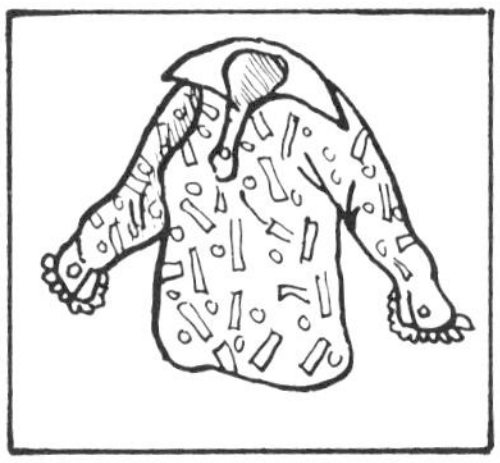

η μπλούζα-ες

το πουλόβερ

το παλτό

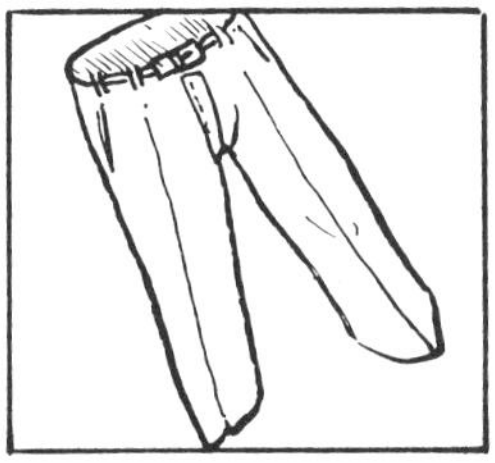

το παντελόνι-α

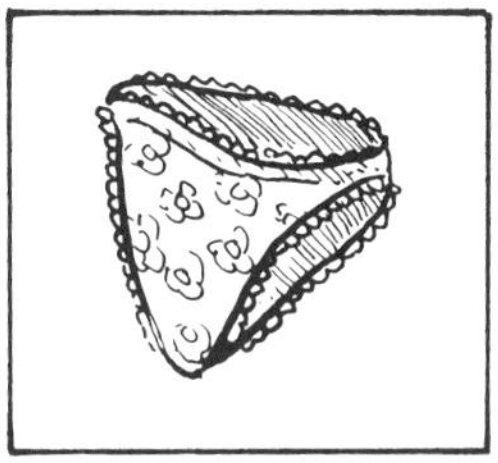

η κοιλότα-ες

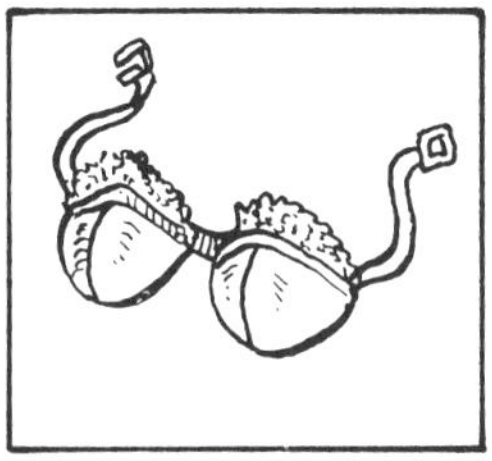

το σουτιέν

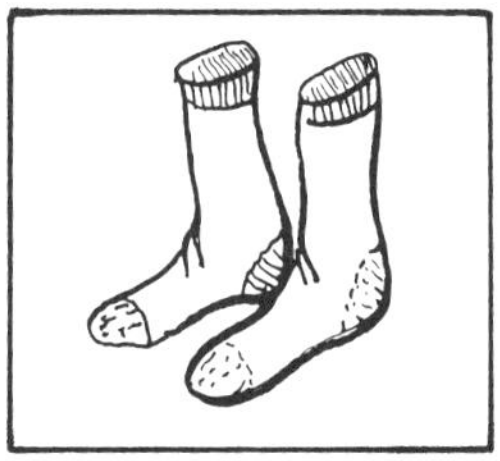

η κάλτσα-ες

το πουκάμισο-α

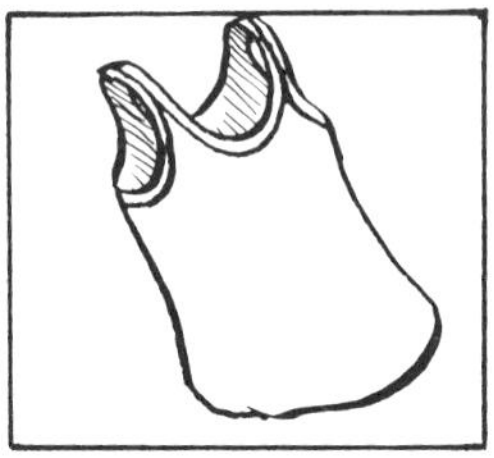

το φανελάκι-α

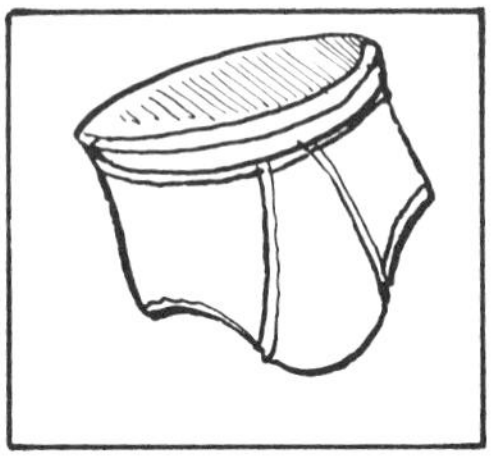

το σώβρακο-α

το σακκάκι-α

10

(Machen Sie die Übungen 10 und 12 mit allen Kleidungsstücken aus Nr. 9.)

Sagen Sie der Verkäuferin, daß Ihnen das Kleid nicht paßt und auch nicht gefällt.

Beispiele:
Η φούστα δεν μου κάνει.
Η φούστα δεν μου αρέσει.

Bilden Sie den Plural. Beispiele:
Οι κάλτσες δεν μου κάνουν.
Οι κάλτσες δεν μου αρέσουν.

11

Die Verben **αλλάζω** = umtauschen und **προβάρω** = probieren.

Υποτακτική		
1. Pers. Sing.	να αλλάξω	να προβάρω

12

Setzen Sie das Gespräch mit der Verkäuferin fort.

a Sagen Sie, daß Ihnen die Hose nicht gefällt, und daß Sie sie umtauschen wollen.

Beispiel:

Αυτό το παντελόνι δεν μου κάνει, μπορώ να το αλλάξω;

b Jetzt haben Sie eine Hose entdeckt, die Ihnen gefällt. Sagen Sie es der Verkäuferin und fragen Sie, ob Sie das betreffende Kleidungsstück anprobieren dürfen.

Beispiel:

Αυτό το παντελόνι μου αρέσει, μπορώ να το προβάρω;

13

Das Adjektiv *Gr. Seite 158, 160*

Sing.	Neutr.		Fem.	
Nom.	στενό κοντό μικρό	μεγάλο φαρδ**ύ** μακρ**ύ**	στενή κοντή μικρή	μεγάλη φαρδι**ά** μακρι**ά**

14 ●●

Γιατί δεν σας κάνει;
Μήπως …

στενό

φαρδύ

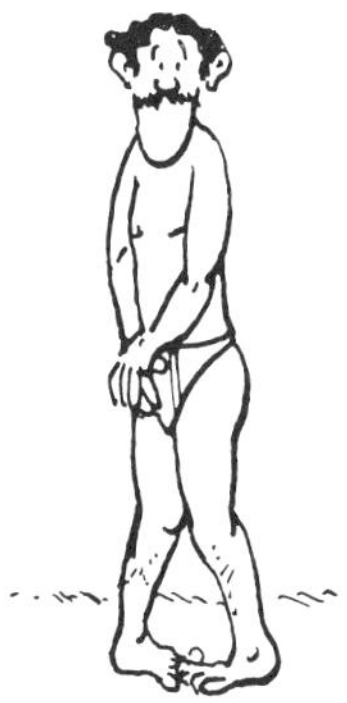

μικρό

μεγάλο

κοντό

μακρύ

15

Begründen Sie, warum Sie etwas umtauschen wollen. Benützen Sie den nebenstehenden Wortschatz und den Wortschatz aus Nr. 14.

A: Γιατί δεν σας κάνει το φόρεμα;
B: Μου είναι πολύ κοντό.

παντελόνι, φούστα, μπλούζα, μαγιό, ζακέτα, παλτό, σακκάκι, κάλτσα, φανελάκι, παπούτσι, πουκάμισο, πουλόβερ, σώβρακο, κοιλότα, φόρεμα, σουτιέν

16 ●●

a Malen Sie die Kästchen neben den Farbbezeichnungen mit der jeweiligen Farbe aus.

άσπρο		ροζ		πράσινο	
κίτρινο		μοβ		καφέ	
πορτοκαλί		γαλάζιο		γκρίζο	
κόκκινο		μπλε		μαύρο	

b Beachten Sie:
Im Griechischen kann vor der jeweiligen Farbbezeichnung der Artikel το stehen.
Gr. Seite 141

Beispiel:
Ποιο χρώμα σου/σας αρέσει;
Το κόκκινο μου αρέσει.
Το μπλε μου αρέσει.

c Fragen Sie Ihre Kurskollegen wie im oben angeführten Beispiel.

17

Die Verben **φορώ** = tragen,

Präsens	
φορ**άς**	du trägst
φορ**άτε**	ihr tragt, Sie tragen

18

δείχνω = zeigen und **κοιτάζω** = schauen

Imperativ			
δείξτε!	zeigt, zeigen Sie!	κοιτάξτε!	schaut, schauen Sie!

19

Spielen Sie die Szene im Geschäft mit einem Partner.

εσείς	η πωλήτρια
Αυτό το . . . δεν μου κάνει. Δείξτε μου κάτι άλλο! . . . περίπου το . . . . . . να το προβάρω . . . πολύ ακριβό δεν μου αρέσει/αρέσουν	Τι μέγεθος φοράτε; Ποιο χρώμα σας αρέσει; Ελάτε εδώ! Κοιτάξτε! Γιατί δεν σας αρέσει/αρέσουν; Πολύ ευχαρίστως! Ναι, αλλά και πολύ ωραίο,

25

ΕΥΧΕΣ

1

Wünsche zu Ostern:

A: Καλό Πάσχα!
B: Ευχαριστώ επίσης!

ή

A: Χριστός Ανέστη!
B: Αληθώς Ανέστη!

Wünsche zu Weihnachten
und zum Neuen Jahr:

A: Καλά Χριστούγεννα!
B: Ευχαριστώ επίσης!

A: Ευτυχισμένος ο
καινούργιος χρόνος!
B: Ευχαριστώ επίσης!

2

Zu anderen Festen z.B. Geburtstag und Namenstag wünscht man sich:

A: Χρόνια Πολλά!
B: Ευχαριστώ πολύ!

3

Weitere Wünsche:

a Περαστικά!	Gute Besserung!
Καλή όρεξη!	Guten Appetit!
Να ζήσετε ευτυχισμένοι!	Lebt glücklich! (Hochzeit)
Να σας ζήσει!	Es lebe! (Taufe)
Εις υγείαν!	Auf die Gesundheit! (Trinksprüche)
Γεια μας!	
Συλλυπητήρια!	Mein Beileid.

b Betrachten Sie die Bilder genau. Welche Wünsche sprechen die Personen aus?

4

Können Sie sich noch an andere Wünsche erinnern, die in früheren Lektionen vorgekommen sind?

a Begrüßung
b Verabschiedung
c wenn jemand verreist
d wenn jemand von einer Reise zurückkehrt
e wenn jemand schlafengeht
f wenn jemand in Urlaub fährt

5

Wie können Sie antworten, wenn man Ihnen etwas wünscht?

a Ordnen Sie die Reaktionsmöglichkeiten in der rechten Spalte den Wünschen in der linken Spalte zu.

καλημέρα, καλησπέρα,	ευχαριστώ
καληνύχτα, καλόν ύπνο,	ευχαριστώ πολύ επίσης
καλές διακοπές, καλό ταξίδι,	ευχαριστούμε
καλώς όρισες, γεια χαρά,	καλημέρα
περαστικά, καλή όρεξη,	καλησπέρα
εις υγείαν, να ζήσετε ευτυ-	καληνύχτα
χισμένοι, να σας ζήσει,	γεια μας
Καλό Πάσχα, Καλά Χριστούγεννα,	καλώς σας βρήκα
Χρόνια Πολλά	ευχαριστώ επίσης

b Machen Sie die Übung **a** mit Teilnehmern aus Ihrem Kurs.

26

ΕΛΛΗΝΙΚΗ ΦΙΛΟΞΕΝΙΑ

1

ο μπάρμπα-Λίας: Έλα, Πέτρο, έλα!
ο Πέτερ: Όχι, πρέπει να πάω στο σπίτι, με περιμένει η Εύα.
ο μπάρμπα-Λίας: Έλα να σε κεράσω έναν καφέ!
ο Πέτερ: Όχι, ευχαριστώ πολύ, αλλά δεν έχω καιρό.
ο μπάρμπα-Λίας: Έλα, τώρα να πιούμε κάτι μαζί! Βρε, Μιχάλη, βάλε του μια ρακή!
ο Πέτερ: Όχι! Μη! Δεν έφαγα ακόμη!
ο μπάρμπα-Λίας: Φέρε του κι ένα μεζεδάκι!
Βάλε κι εμένα άλλη μια!
ο Πέτερ: Άντε, στην υγειά μας λοιπόν!
ο Μπάρμπα-Λίας: Γεια μας!

Στο καφενείο λίγο αργότερα ...

ο μπάρμπα-Λίας: Λοιπόν, Πέτρο, απόψε θα πάμε στον Αη-Γιάννη, έχει μεγάλο πανηγύρι! Θα περάσουμε πολύ καλά! Θα γλεντήσουμε, θα χορέψουμε! Κι έχει και καλό κρασί!
ο Πέτερ: Είναι μακριά;
ο μπάρμπα-Λίας: Α! Μπα! Όχι! Εδώ κοντά είναι πίσω απ'αυτό το βουνό! Θα πάμε βέβαια με το δικό σου αυτοκίνητο!
ο Πέτερ: Δεν πάμε καλύτερα με τα πόδια;

ο μπάρμπα-Λίας: Με τα πόδια;
Τρελός είσαι;
Και πώς θα χορέψουμε εκεί μετά; Κατάλαβες;
ο Πέτερ: Ναι, ναι κατάλαβα!

ο μπάρμπα-Λίας:

Τώρα πάμε για φαΐ και ύπνο!
Μιχάλη, να πληρώσω!
Τι λες; Να πάρουμε και τις γυναίκες μας;

ο Πέτερ:

Και βέβαια!

ο μπάρμπα-Λίας:

Άντε, γεια σου, λοιπόν!
Στίς οχτώ η ώρα θα είστε στο σπίτι το δικό μου! Έτσι;

ο Πέτερ:

Εντάξει!

Στις οχτώ η ώρα το βράδυ στο σπίτι του μπάρμπα-Λία.

ο Πέτερ:
Είστε έτοιμοι;
ο μπάρμπα-Λίας:
Ναι, η κυρία μου στολίζεται λίγο ακόμη.
Άντε, Δέσποινα, κάνε γρήγορα!
Πέτρο! Να σου πω!
Θα περάσουμε κι απ' το Μεσοχώρι
να πάρουμε και τον κουμπάρο μου που είναι πολύ αστείος!
ο Πέτερ:
Είναι στο δρόμο;
Να μην αργήσουμε!
ο μπάρμπα-Λίας:
Α! Μπα! Τι λες;
Έχουμε καιρό ως τις δέκα η ώρα!

Στις έντεκα η ώρα τη νύχτα …

2

Welche Verben aus dem Text sind Ihnen schon bekannt?
In welchen Zeitformen kommen sie vor?

3

Das Verb **τρώω** = essen

Aorist	τρώω
1. Pers. Sing.	έφαγα
2. Pers. Sing.	έφαγες

4

Beantworten Sie die Frage.

Τι έφαγες χτες;
Έφαγα ...

σταφύλια, ροδάκινα, μουσακά, ψάρια, σουβλάκι, μπακλαβά, μακαρόνια με κιμά, αυγά με πατάτες, φασολάκια, κεράσια, καρπούζι, αρνί ψητό, μολύβι

5

Das Verb **φέρνω** = bringen

Imperativ	
φέρε!	bring!
φέρτε!	bringt, bringen Sie!

6

Bestellen Sie für Ihren Freund/Ihre Freundin. Benützen Sie auch die Personalpronomina του und της.

Beispiele:
Φέρε στο Γιώργο ένα μεζεδάκι!
Φέρε του ένα μεζεδάκι!
Φέρε στη Μαρία έναν καφέ!
Φέρε της έναν καφέ!

Φέρε ...	
στην Ελένη	νερό
στο Μανόλη	κρασί
στη Ρουτ	φιστίκια
στο Λάκη	ένα ούζο
στην Κατίνα	ένα γλυκό
στη Χαρούλα	μία πορτοκαλάδα
στην Αντωνία	μία λεμονάδα
στο Γκερτ	μία μερίδα κοτόπουλο
στην Άννα	μία μερίδα μουσακά
στη Μαρία	καραμέλες
στο Γιάννη	μία μερίδα φασολάκια
στα παιδιά	ένα μεζέ
στον κουμπάρο	παγωτά

7

Das Personalpronomen im Genitiv *Gr. Seite 164ff.*
Bei den Personalpronomina gibt es schwache und starke Formen.
Die starke Form wird benützt, wenn die Person ausdrücklich hervorgehoben wird.

Sing.	stark	schwach		
1. Pers.	εμένα	μου	sinngem.:	(mir)
3. Pers.	αυτόν, αυτήν*	του, της		(ihm, ihr)

Beispiele:

Φέρε μου ένα ποτήρι κρασί!
Bring mir ein Glas Wein!

Φέρε κι **εμένα** ένα ποτήρι κρασί!
Bring auch *mir* ein Glas Wein!

Φέρε **του** ένα ούζο!
Bring ihm einen Ouzo!

Φέρε και **σ' αυτόν** ένα ούζο!
Bring auch *ihm* einen Ouzo!

Φέρε **της** μία λεμονάδα!
Bring ihr eine Limonade!

Φέρε και **σ' αυτήν** μία λεμονάδα!
Bring auch *ihr* eine Limonade!

8

Verändern Sie die untenstehenden Sätze nach dem Muster:

Βάλε μου ένα ούζο! Βάλε κι εμένα ένα ούζο!
Βάλε του/ της ένα ούζο! Βάλε και σ' αυτόν*/σ'αυτήν ένα ούζο!

Βάλε μου ένα νερό! Βάλε του/της ένα νερό!
Δώστε του/της ένα κιλό ροδάκινα! Δώστε μου ένα αγγούρι!
Φέρε μου την εφημερίδα! Φέρε του/της ένα μεζεδάκι!

* Grammatikalisch richtig wären in der 3. Pers. Sing. die Genitivformen αυτού, αυτής. In der Umgangssprache benützt man jedoch die Akkusativform des Pronomens αυτόν, αυτήν mit der Präposition σε: σ' αυτόν/σ'αυτήν.

9

Das Possessivpronomen *Gr. Seite 167*

Auch von den Possessivpronomen gibt es schwache und starke Formen. Die starke Form wird benützt, wenn das Besitzverhältnis besonders betont wird.

Sing.	Mask.	Neutr.	Fem.
1. Pers.	ο δικ**ός** μου (mein)	το δικ**ό** μου (mein)	η δικ**ή** μου (meine)
2. Pers.	ο δικ**ός** σου (dein)	το δικ**ό** σου (dein)	η δικ**ή** σου (deine)

Beispiele:

Θα πάμε βέβαια με **το δικό σου αυτοκίνητο.**

Wir fahren natürlich mit *deinem* Auto!

Στις οχτώ η ώρα θα είστε **στο σπίτι το δικό μου.**

Um acht Uhr seid ihr bei *mir* zu Hause!

Δωσ'μου **το δικό σου ποδήλατο!**

Gib mir *dein* Fahrrad!

Ο δικός μου αδελφός είναι στη Γερμανία.

Mein Bruder ist in Deutschland.

10

Fragen und antworten Sie:

A: Είναι αυτός ο γάιδαρός σου;

B: Ναι, αυτός είναι ο δικός μου γάιδαρος.

Είναι αυτός/αυτό/αυτή ...

Ναι, αυτός/αυτό/αυτή ...

γυναίκα, βιβλίο, βάρκα, φαΐ, ζακέτα, παντελόνι, διαμέρισμα, μπλούζα, περιβόλι, χωριό, ελαιώνας, αμπέλι, άντρας, αυτοκίνητο, αδελφός, αδελφή, σπίτι

11

Das Relativpronomen

που = der, die, das *Gr. Seite 170*

Beispiel:

Θα περάσουμε κι απ'το Μεσοχώρι να πάρουμε και **τον κουμπάρο** μου **που** είναι πολύ αστείος.

Θα περάσουμε κι από την Αθήνα να πάρουμε και **την αδελφή** μου **που** είναι πολύ ωραία.

12

Wer soll noch geholt werden?

Beispiele:

Να πάρουμε και το Μανόλη που είναι πολύ ωραίος.

Να πάρουμε και τη θεία που είναι πολύ αστεία.

Γιώργος παντρεμένος	αδελφή μικρή	θεία αστεία
αδελφός μεγάλος	θείος κτίστης	Ειρήνη ήταν στη Γερμανία

13

Ein Lied

Συρτός Καστελλιανός	Syrtos aus Kastelli (Kreta)
Μέσα στα μαύρα μάτια σου ...	In deinen schwarzen Augen ...
βλέπω το θάνατό μου	sehe ich meinen Tod.
κάνε μιστό και σώσε με ...	Hab Mitleid und rette mich ...
ψηλό μελαχροινό μου	meine große, dunkle Schönheit!
Κομμάτιασέ μου την καρδιά ...	Zerstückle mein Herz ...
και πάλι συλλογίσου	aber denke doch daran,
κάθε κομμάτι της καρδιάς ...	jedes Stück meines Herzens
είναι καρδιά δική σου.	ist ein Stück von Deinem Herzen.

27

ΠΟΝΑΕΙ ΤΟ ΚΕΦΑΛΙ ΜΟΥ

1

ο γιατρός: Καλημέρα σας! Περάστε μέσα, παρακαλώ!
ο άρρωστος: Ευχαριστώ!
ο γιατρός: Καθήστε! Πώς ονομάζεστε; Πού και πότε γεννηθήκατε; Πού είστε ασφαλισμένος;
ο άρρωστος: Ονομάζομαι Στέλιος Πρίφτης, γεννήθηκα στην Κέρκυρα στις 11 Ιουνίου το 1948, ασφαλισμένος είμαι στο Ι.Κ.Α.
ο γιατρός: Τι έχετε;
ο άρρωστος: Δεν νιώθω καλά, γιατρέ! Είμαι άρρωστος!
ο γιατρός: Τι νιώθετε ακριβώς;
ο άρρωστος: Μου πονάει το κεφάλι μου πάρα πολύ!
ο γιατρός: Έχετε πυρετό;
ο άρρωστος: Όχι, δεν νομίζω!
ο γιατρός: Έχετε διάρροια;
ο άρρωστος: Ναι!
ο γιατρός: Μήπως φάγατε κάτι χαλασμένο; Μήπως ήπιατε πολύ; Καπνίζετε;
ο άρρωστος: Τώρα; Όχι, δεν καπνίζω.
ο γιατρός: Για να σας εξετάσω.

ο γιατρός:	Ορίστε αυτή τη συνταγή! Αγοράστε αυτά τα φάρμακα στο φαρμακείο. Ξαπλώστε μερικές ώρες στο κρεβάτι! Αύριο θα είστε καλύτερα. Περαστικά, λοιπόν!
ο άρρωστος:	Ευχαριστώ πολύ, γιατρέ! Χαίρετε!

2 ●●

1 το κεφάλι-α
2 το μάτι-α
3 το αυτί-ά
4 το στόμα-τα
5 το δόντι-α
6 ο λαιμός-οί
7 το χέρι-α
8 το στήθος-η
9 το στομάχι-α
10 η κοιλιά-ές
11 ο μηρός-οί
12 το γόνατο-α
13 το πόδι-α

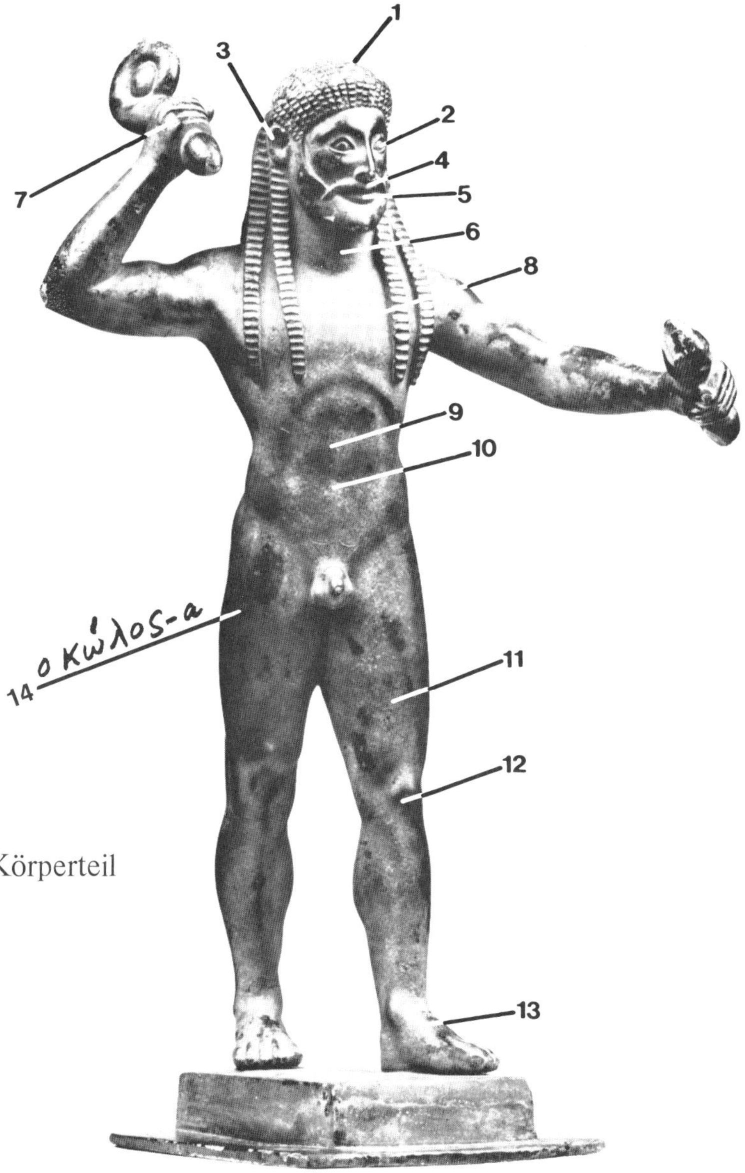

3

Τι σας/σου πονάει;

Geben Sie an, an welchem Körperteil Sie Schmerzen haben.

Μου πονάει ο/το/η/τα …

4

Die Verben **γεννιέμαι** = geboren werden, **τρώω** = essen, **πίνω** = trinken

Aorist	γεννιέμαι	τρώω	πίνω
1. Pers. Sing. 2. Pers. Sing. 2. Pers. Plur.	γεννήθηκα γεννήθηκες γεννηθήκατε	έφαγα έφαγες φάγατε	ήπια ήπιες ήπιατε

5

Das Adjektiv *Gr. Seite 158*

Sing. Mask.	Neutr.	Fem.
Nom. ασφαλισμένος άρρωστος	ασφαλισμένο άρρωστο	ασφαλισμένη άρρωστη

6

a Das Datum *Gr. Seite 163*

Beispiele:

am 6. Juni	1948	**στις έξι** Ιουνίου **το** χίλια εννιακόσια σαράντα οκτώ
am 1. Januar	1950	στις **μία** Ιανουαρίου το χίλια εννιακόσια πενήντα
am 3. August	1945	στις **τρεις** Αυγούστου το χίλια εννιακόσια σαράντα πέντε
am 4. Mai	1930	στις **τέσσερις** Μαΐου το χίλια εννιακόσια τριάντα
am 24. April	1954	στις **είκοσι** τέσσερις Απριλίου το χίλια εννιακόσια πενήντα τέσσερα

b Πότε γεννηθήκατε;

4.5.56, 2.1.40, 8.9.63, 6.11.48, 12.8.52, 21.10.64, 30.12.24

Und Sie? Befragen Sie sich im Kurs.

7

Folgende Verben kommen im Dialog im Präsens vor:

νιώθω, πονάω, καπνίζω, εξετάζω, ξαπλώνω

In welcher Personalform werden sie verwendet?

8

Beantworten Sie die Fragen des Arztes.

Πώς ονομάζεστε;
Πού και πότε γεννηθήκατε;
Πού είστε ασφαλισμένος/η;
Τι έχετε;
Τι νιώθετε ακριβώς;

Έχετε πυρετό;
Τι φάγατε;
Τι ήπιατε;
Καπνίζετε;

28

ΤΙ ΩΡΑΙΑ!

1 ●●

ο Δημήτρης:	Ωραία μέρα σήμερα! Δεν κάνει ανυπόφορη ζέστη και η θάλασσα είναι λάδι! Έτσι δεν είναι;
η Στέλλα:	Πράγματι! Αυτό το κύμα χτες ήταν πολύ άγριο! Σήμερα όμως είναι ο καιρός ωραιότερος από χτες.
ο Δημήτρης:	Αλήθεια, τι ωραίος ήλιος!
η Στέλλα:	Ναι, αλλά κοίτα τι έβγαλε η θάλασσα πάλι έξω! Είναι τρομερό λοιπόν! Κάθε καλοκαίρι είναι η ακροθαλασσιά πιο βρώμικη!
ο Δημήτρης:	Έχεις δίκιο, για δες μπουκάλια νάυλον, σακούλες πλαστικές, πίσσα αρκετή και μια παντούφλα! Πρέπει επιτέλους να λάβουμε μέτρα για την προστασία της φύσης και προπαντός της ωραίας μας θάλασσας.
η Στέλλα:	Ποιος εμείς; Γιατί, μήπως έχουμε τα καράβια ή τα εργοστάσια;

ο Δημήτρης:	Την αποχέτευση; Τα σκουπίδια της κάθε μέρας; Κάτι πρέπει να κάνουμε.
η Στέλλα:	Η μεγαλύτερη βρωμιά προέρχεται από τη βιομηχανία. Οι νόμοι γίνονται από χρόνια τώρα και το τεχνικό σύστημα αποχέτευσης σχεδιάζεται ακόμη .....

2

Fragen zum Text.

Πώς είναι ο καιρός σήμερα;
Τι έβγαλε η θάλασσα έξω;
Τι είναι κάθε καλοκαίρι πιο βρώμικο;
Τι πρέπει να κάνουμε επιτέλους;
Από πού προέρχεται η μεγαλύτερη βρωμιά;
Τι γίνεται με τους νόμους και το τεχνικό σύστημα αποχέτευσης;

29

ΤΟΥΡΙΣΤΕΣ! ΤΟΥΡΙΣΤΕΣ!

1

2

3

ο Κώστας:	Μας κατέστρεψε; Δεν λες μας έσωσε!
ο Σωτήρης:	Ξέρεις ότι φέτος ο τουρισμός μας έφερε 1,7 δισεκατομμύρια αμερικάνικα δολλάρια συνάλλαγμα και ότι μ'αυτό το συνάλλαγμα πληρώνονται οι εισαγωγές ξένων προϊόντων;
ο Κώστας:	Τι άλλο έχει η Ελλάδα εκτός από ήλιο, θάλασσα, καθαρό αέρα, νησιά, ωραία φύση και αρχαιολογίες;
ο μπάρμπα Αλέκος:	Έτσι, μπράβο, πες την αλήθεια!
ο κυρ-Νικόλας:	Σώπα, μπάρμπα Αλέκο, γιατί από τότε πού ήρθαν αυτοί οι ξένοι κάνω χρυσές δουλειές!
ο Τάκης:	Εγώ νομίζω ότι ο μπάρμπα Αλέκος έχει δίκιο. Κοιτάξτε, σε λίγα χρόνια στην ακροθαλασσιά θα υπάρχουν άλλα τρία ξενοδοχεία και τότε πού θα είναι τα ωραία δένδρα με τη σκιά τους;
η Έρικα:	Γιατί δεν μας καταλαβαίνεις, μπάρμπα Αλέκο; Στις διακοπές χρειαζόμαστε ήλιο, διασκέδαση και ησυχία. Μετά τις διακοπές έχουμε πάλι δουλειά, φασαρίες και κούραση.

4

Fragen zum Text.

Πόσα δισεκατομμύρια συνάλλαγμα έφερε ο τουρισμός;
Τι πληρώνονται μ'αυτό το συνάλλαγμα;
Τι έχει η Ελλάδα;
Τι κάνει ο κυρ-Νικόλας από τότε πού ήρθαν οι ξένοι;
Τι θα υπάρχει σε λίγα χρόνια στην ακροθαλασσιά;
Τι χρειάζεται η Έρικα στις διακοπές; Γιατί;

30

ΚΑΛΗΜΕΡΑ

1 ●●

Η Εύα και ο Πέτρος στις τέσσερις η ώρα το πρωί στο σπίτι της Μαρίας …

η κυρία Μαρία:	Καλημέρα σας! Κοιμηθήκατε καλά;
ο Πέτρος, η Εύα:	Ναι, αλλά είμαστε λίγο κουρασμένοι …
η κυρία Μαρία:	Κάνατε φυσικά ένα μεγάλο ταξίδι με το αυτοκίνητο!
ο Πέτρος, η Εύα:	Ναι, ναι! Ο κόκκορας ξυπνά πολύ νωρίς;
η κυρία Μαρία:	Ναι, είναι το ξυπνητήρι μου! Σας ενόχλησε μήπως;
ο Πέτρος, η Εύα:	Ναι, λίγο. Δεν πειράζει!
η κυρία Μαρία:	Του χρόνου αν έρθετε, θα περάστε πολύ πιο άνετα στο σπίτι μου. Το Μάιο έρχεται ο γιος μου από την Αυστραλία για πάντα εδώ στην Ελλάδα πίσω. Θα γκρεμίσουμε αυτό το παλιό σπίτι, θα χαλάσουμε και τον κήπο και θα κτίσουμε ένα καινούργιο σπίτι με τρεις ορόφους, με καλοριφέρ, μπάνιο με ζεστό και κρύο νερό κι όλες τις ανέσεις.

	Λυπάμαι βέβαια τα καημένα τα ζώα, τα νόστιμα λαχανικά στον κήπο και τα λουλούδια στην αυλή που τόσο πολύ αγαπώ, αλλά τι τα θέλω πλέον, αφού θα έχω αρκετά λεφτά νοικιάζοντας τα δωμάτια του σπιτιού στους τουρίστες!
ο Πέτρος, η Εύα:	Αχ! Τι κρίμα!

2

Fragen zum Text.

Κοιμήθηκαν ο Πέτρος και η Εύα καλά;
Ήταν το ταξίδι με το αυτοκίνητο μεγάλο;
Τι τους ενόχλησε;
Πώς θα περάσουν του χρόνου αν θα πάνε στην κυρία Μαρία;
Ποιος θα έρθει το Μάιο;
Τι θα κάνουν με το σπίτι;
Τι θα έχει η κυρία Μαρία;
Τι δεν θα έχει;
Αρέσει αυτό στον Πέτρο και στην Εύα;

Bemerkungen zum Lektionswortschatz

In Klammern wird die wörtliche Übersetzung oder eine Erläuterung zum Wort bzw. Ausdruck gegeben.

Beispiel: ο χαλβάς-δες	Chalwa (süße Nachspeise)

Substantive sind mit Artikel und Pluralendung angegeben.

Beispiel: η δραχμή-ές

Verben werden, sofern sie nicht in der Lektion im Rahmen einer Tabelle übersetzt sind, in der im Text vorkommenden Form aufgeführt. Zusätzlich wird der Infinitiv angegeben.

Beispiel: ξαναπάρτε	wählt, wählen Sie noch einmal
ξαναπαίρνω	noch einmal wählen

Adjektive werden mit ihrem Bezugswort und mit Endungen im Maskulinum, Neutrum und Femininum angegeben.

Beispiel: ελληνική μουσική	griechische Musik
ελληνικός-ό-ή	griechisch

1 ΚΑΛΗΜΕΡΑ

καλημέρα	guten Tag
γεια σου	grüß dich; auf Wiedersehen
ο Γιάννης	Jannis (männl. Vorname)
Γιάννη	(In der Anredeform fällt bei männlichen Eigennamen das -ς weg.)
η Κατίνα	Katina (weibl. Vorname)
η Άννα	Anna (weibl. Vorname)
γεια σας, γεια σας	grüßt euch; auf Wiedersehen (Begrüßungs- und Verabschiedungsformel)
τι κάνεις;	wie geht's dir? (was machst du?)
καλά	gut
εσείς	ihr
τι κάνετε;	wie geht's euch? (was macht ihr?)
αντίο	auf Wiedersehen (Verabschiedungsformel für eine oder mehrere Personen)
ο	der (best. Artikel, Mask., Nom., Sing.)
η	die (best. Artikel, Fem., Nom., Sing.)

2 ΧΑΙΡΩ ΠΟΛΥ

χαίρω πολύ	es freut mich sehr
η Μαρία	Maria (weibl. Vorname)
ο Γιώργος	Jorgos, Georg (männl. Vorname)
Γιώργο	(Anredeform von Γιώργος)
είμαι	ich bin
εσύ	du
κάτσε	setz dich
λίγο	ein bißchen
ναι	ja
ευχαριστώ	danke schön (ich danke)
από δω	darf ich vorstellen (von hier)
Νίκος Λινάκης	Nikos Linakis
Μαρία Πετρίδη	Maria Petridi
και	und

3 ΠΩΣ ΟΝΟΜΑΖΕΣΤΕ;

πώς	wie
πώς ονομάζεστε;	wie heißt ihr, heißen Sie?
χαίρετε	es freut mich (Begrüßungs- und Verabschiedungsformel in der Sie-Form)
ο κύριος-οι	Herr
κύριε	(Anredeform von κύριος)
κι	und
με λένε	ich heiße (man nennt mich)
ο Γερμανός-οί	Deutscher
ο Αυστριακός-οί	Österreicher
ο Έλληνας-ες	Grieche
κύριε Κωστόπουλε	Herr Kostopoulos (Anredeform)
αντίο σας	auf Wiedersehen (Verabschiedungsformel für mehrere Personen. In der Sie-Form auch für eine Person.)
γεια σας	(Begrüßungs- und Verabschiedungsformel für mehrere Personen. In der Sie-Form auch für eine Person.)
η κυρία-ες	Frau
η Ελληνίδα-ες	Griechin
η Γερμανίδα-ες	Deutsche
η Αυστριακή-ες	Österreicherin

4 ΣΤΟ ΚΑΦΕΝΕΙΟ

στο καφενείο	im Café
στο	im (Präposition σε + best. Artikel im Neutr., Akk., Sing.το)
το καφενείο-α	Café
το	das (best. Artikel im Neutr., Nom., Sing.)
το γκαρσόν	Kellner
έναν καφέ ελληνικό	einen griechischen Kaffee
έναν	einen (unbest. Artikel im Mask., Akk., Sing.)
ο καφές-δες	Kaffee
ελληνικός-ό-ή	griechisch
παρακαλώ	bitte schön (ich bitte)
ο Μιχάλης	Michael

το ποτό-ά	Getränk
το αναψυκτικό-ά	Erfrischung
ο νεσκαφές-δες	Nescafé
ο φραπές-δες	Nescafé (kalt und geschlagen)
το τσάι-α	Tee
η μπύρα-ες	Bier
η πορτοκαλάδα-ες	Orangensaft
η λεμονάδα-ες	Zitronensaft
η σόδα-ες	Mineralwasser
το ούζο-α	Ouzo (Anisschnaps)
έναν καφέ μέτριο	einen mittelsüßen Kaffee
μέτριος-ο-α	mittel
έναν καφέ γλυκό	einen süßen Kaffee
γλυκός-ό-ιά	süß
ή	oder
έναν καφέ σκέτο	einen Kaffee ohne Zucker (einfach)
σκέτος-ο-η	ohne Zucker
ο Τάκης	Takis
καλησπέρα	guten Abend (Begrüßungsformel von nachmittags bis Sonnenuntergang)
τι	was
τι θα πιείτε;	was möchtet ihr, möchten Sie trinken? (was werdet ihr, werden Sie trinken?)
πίνω	trinken
ένα	ein (unbest. Artikel im Neutr., Nom. und Akk., Sing.)
το ποτήρι-α	Trinkglas
το νερό-ά	Wasser
τίποτε άλλο (ή τίποτ᾽άλλο)	nichts anderes; noch etwas
τίποτε (ή τίποτα)	nichts
εντάξει	in Ordnung
ορίστε	bitte, bitte schön, hier bitte
καληνύχτα	gute Nacht
η ζάχαρη	Zucker
μία (ή μια)	eine (unbest. Artikel oder Zahlwort im Fem., Nom. und Akk., Sing.)
τρεις	drei (Zahlwort im Fem. oder Mask., Nom. und Akk.)
τέσσερις	vier (Zahlwort im Fem. oder Mask., Nom. und Akk.)

5 ΣΕ ΜΙΑ ΤΑΒΕΡΝΑ ΣΤΗΝ ΕΛΛΑΔΑ

σε μια ταβέρνα	in einer Taverne
σε	in (die Präposition σε hat verschiedene Bedeutungen: in, an, bei, auf, nach und zu)
μια	einer (eine, vgl. Lektion 4; im Griechischen gibt es keinen Dativ. Der unbest. Artikel steht im Akkusativ.)
η ταβέρνα-ες	Taverne
στην Ελλάδα	in Griechenland
στην	in (Präposition σε + best. Artikel im Fem., Akk., Sing. τη(ν))
η Ελλάδα	Griechenland
για φαΐ	zum Essen (für's Essen)
σήμερα	heute
στην κουζίνα	in die Küche
η κουζίνα-ες	Küche
ψητό αρνί	Lammbraten
το ψητό-ά	Braten
το αρνί-ά	Lamm
η πατάτα-ες	Kartoffel
η κεφτέδα-ες	Hackfleischbällchen
το φασολάκι-α	Bohne
το κοτόπουλο-α	Huhn
ο μουσακάς-δες	Moussaka (griechisches Gericht mit Hackfleisch, Auberginen, Zucchini und Béchamelsoße)
η σαλάτα-ες	Salat
η χωριάτικη σαλάτα	Bauernsalat
χωριάτικος-ο-η	bäuerlich
λοιπόν	also
η μερίδα-ες	Portion
η ρετσίνα-ες	Retsina (griechischer geharzter Weißwein)
το λογαριασμό παρακαλώ	die Rechnung bitte
ο λογαριασμός-οί	Rechnung
αμέσως	sofort
ο κατάλογος-οι φαγητών	Speisekarte
τα ορεκτικά	Vorspeisen
τα	die (best. Artikel im Neutr., Nom. oder Akk., Plur.)
ο μεζές-δες	Häppchen

η ελιά-ές	Olive
το τζατζίκι	Joghurt (mit Knoblauch und Gurke)
η ντομάτα-ες	Tomate
το τυρί-ά	Käse
η σούπα-ες	Suppe
τα γιουβαρλάκια αυγολέμονο	Zitronensuppe mit Fleischbällchen
το ψάρι-α	Fisch
η γλώσσα-ες	Seezunge
το καλαμάρι-α	Tintenfisch
το κρέας-τα	Fleisch
το σουβλάκι-α	Fleischspieß
η μπριζόλα-ες	Kotelett
το συκωτάκι-α	Leberstückchen
τα διάφορα φαγητά	verschiedene Speisen
μακαρόνια με κιμά	Spaghetti mit Fleischsoße
τα γεμιστά	gefülltes Gemüse
το παστίτσιο-α	Nudelauflauf
ο ντολμάς-δες	gefüllte Weinblätter
η φέτα-ες	Schafskäse (eine Scheibe)
η γραβιέρα-ες	Hartkäse
το φρούτο-α	Obst
το σταφύλι-α	Traube
το καρπούζι-α	Wassermelone
το γλυκό-ά	Süßigkeit
ο χαλβάς-δες	Chalwa (süße Nachspeise)
ο μπακλαβάς-δες	Baklawa (süße Nachspeise)

6 ΕΛΑ ΠΑΜΕ ΣΤΟ ΠΕΡΙΠΤΕΡΟ

στο περίπτερο	zum Kiosk
το περίπτερο-α	Kiosk
στο	zum (Präposition σε + best. Artikel im Neutr., Akk., Sing. το)
έλα	komm
η δεσποινίδα-ες	Fräulein

η τσίχλα-ες	Kaugummi
η χτένα-ες	Kamm
πόσο	wieviel
κοστίζουν	kosten
ο περιπτεράς-δες	Kioskverkäufer
δεκατρείς	dreizehn
η δραχμή-ές	Drachme
κοστίζει	kostet
η κάρτα-ες	Ansichtskarte
δώδεκα	zwölf
το στυλό-	Kugelschreiber
είκοσι	zwanzig
σαράντα τέσσερις	vierundvierzig
πενήντα	fünfzig
έξι	sechs
τα ρέστα	Rest, Wechselgeld
το πακέτο τσιγάρα	Zigarettenschachtel
το πακέτο-α	Schachtel
το τσιγάρο-α	Zigarette
το παγωτό-ά	Eis (bei der Frage *Haben Sie Eis?* wird im Griechischen die Pluralform παγωτά benützt.)
στο σπίτι	nach Hause
το σπίτι-α	Haus
στο	nach (Präposition σε + best. Artikel im Neutr., Akk., Sing. το)
το κουτί σπίρτα	Streichholzschachtel
το κουτί-ά	Schachtel
το σπίρτο-α	Streichholz
το μολύβι-α	Bleistift
το σαπούνι-α	Seife
το πακέτο μπισκότα	Packung Kekse
το μπισκότο-α	Keks
το τετράδιο-α	Heft
το περιοδικό-ά	Zeitschrift
το γραμματόσημο-α	Briefmarke
η εφημερίδα-ες	Zeitung
η κρέμα-ες ηλίου	Sonnencreme
ο ήλιος	Sonne

η μπαταρία-ες	Batterie
η καραμέλα-ες	Bonbon
η κορδέλα-ες	Band
η μπάλα-ες	Ball
τα χρήματα ή τα λεφτά	Geld
τα κέρματα ή τα ψιλά	Kleingeld
η μισή δραχμή	halbe Drachme
το πενηνταράκι-α	Fünfziger (50 λεπτά)
πενήντα λεπτά	50 Lepta
το φράγκο-α	Eindrachmenstück
το δίφραγκο-α	Zweidrachmenstück
το τάλιρο-α	Fünfdrachmenstück
το δεκάρικο-α	Zehndrachmenstück
το εικοσάρικο-α	Zwanzigdrachmenstück
το λεπτό-ά ή η δεκάρα-ες	(die kleinste griechische Währungseinheit)

7 ΠΟΥ ΕΙΝΑΙ . . .

πού	wo
ο ξένος-οι	Fremder
συγνώμη	Entschuldigung
σας παρακαλώ	ich bitte euch, Sie
σας	euch; Sie
το ταχυδρομείο-α	Post
εδώ	hier
ακριβώς	genau
α	ah (Ausruf des Erstaunens)
δεσποινίς	Fräulein (Anredeform von δεσποινίδα)
το(ν)	den (best. Artikel im Mask., Akk., Sing.)
ο σταθμός λεωφορείων	Busbahnhof
ο σταθμός-οί	Bahnhof
εκεί	dort
απέναντι	gegenüber
ευχαριστώ πολύ	vielen Dank (ich danke schön)
από	von; aus
η τράπεζα-ες	Bank
πίσω	hinter

τη(ν)	die (best. Artikel im Fem., Akk., Sing.)
η αγορά-ές	Markt
δίπλα	neben
ο oder το Ο.Τ.Ε. (οργανισμός τηλεπικοινωνιών Ελλάδος)	Telefonamt
δεν κατάλαβα	ich habe nicht verstanden (Aorist)
καταλαβαίνω	verstehen
άλλη μία φορά	noch einmal
δεν πειράζει	es macht nichts
πάμε μαζί	gehen wir zusammen
η ξένη-ες	Fremde
ελληνικά	griechisch
μόνο λίγα	nur ein bißchen
το λιμάνι-α	Hafen
δεν είμαι από δω	ich bin nicht von hier
το αεροδρόμιο-α	Flughafen
ο σιδηρόδρομος-οι	Eisenbahn (Bahnhof)
μπροστά	vor

8 ΑΡΙΣΤΕΡΑ ή ΔΕΞΙΑ;

αριστερά	links
δεξιά	rechts
η οδός Ελευθερίας	Freiheitsstraße
η οδός-οί	Straße (im Akk., Sing. οδό)
μακριά	weit
ο κουρέας-είς	Friseur
ίσως	vielleicht
κοντά	nah
εδώ κοντά	hier in der Nähe
μια στιγμή	einen Augenblick
ο καφετζής-δες	Cafébesitzer
μετά	nachher
ο μικροπωλητής-ές	Kleinhändler
μα, τι λες	ach, was sagst du denn

	sagen
	geradeaus
	die erste Straße
	erster
	entschuldigt mich, entschuldigen Sie mich
	byzantinisches Museum
	byzantinisch
	am Platz der Heiligen Sofia
	sehr viel
ío -α	deutsches Konsulat
	deutsch
	Krankenhaus
ιν	Erste-Hilfe-Station
	Museum
	Kirche
	Platz
	Polizei
ο δεύτερος δρόμος	die zweite Straße
δεύτερος -ο-η	zweiter
ο τρίτος δρόμος	die dritte Straße
τρίτος -ο-η	dritter
ο δρόμος -οι	Straße

9 ΜΑΘΑΙΝΕΙΣ ΕΛΛΗΝΙΚΑ;

καλημέρα σας	guten Tag (euch, Ihnen)
ο Κοσμάς	(männl. Vorname)
μπράβο	bravo
πολύ	sehr
τώρα	jetzt
στη Γερμανία	in Deutschland
με	mit
το βιβλίο-α	Buch
μήπως	vielleicht
στο σχολείο	in der Schule

το σχολείο -α	Schule
τότε	dann
ωραία	schön
πολύ ωραία	sehr schön
η ελληνική μουσική	griechische Musik
ελληνικά	griechisch
σου αρέσει (ή σ'αρέσει)	es gefällt dir
μου αρέσει (ή μ'αρέσει)	es gefällt mir
κάτσε	setz dich
άκου	hör zu
ακούω	hören
αγγλικά	Englisch
γαλλικά	Französisch
ιταλικά	Italienisch
σουηδικά	Schwedisch
γερμανικά	Deutsch
η κασέτα -ες	Kassette
η Σουηδέζα-ες	Schwedin

10 ΣΤΗΝ ΑΓΟΡΑ

στην αγορά	auf dem Markt
η κυρία Ελένη	Frau Eleni
τα λαχανικά	Gemüse
φρέσκα λαχανικά	frisches Gemüse
όλα είναι φρέσκα	alles ist frisch
όλα	alles
φρέσκος, -ο-η ή -ια	frisch
το κιλό -ά	Kilo
το μισό κιλό	ein halbes Kilo
μισός-ό-ή	halb
το κρεμμύδι -α	Zwiebel
το καρότο-α	Karotte
το κολοκυθάκι -α	Zucchini
μάλιστα	jawohl; gewiß
το σκόρδο -α	Knoblauch
και βέβαια	aber sicher

ένα κεφάλι σκόρδα	eine Knoblauchknolle
το κεφάλι-α	Kopf
ευχαρίστως	gern
ένα μεγάλο αγγούρι	eine große Gurke
μεγάλος-ο-η	groß
το αγγούρι -α	Gurke
κάντε το λογαριασμό	macht, machen Sie die Rechnung
δρχ. = δραχμές	Drachmen
στα	bei den (Präposition σε + best. Artikel im Neutr., Akk., Plur. τα)

11 ΣΤΟ ΜΑΝΑΒΙΚΟ

στο μανάβικο	im Obst-, Gemüseladen
το μανάβικο-α	Obst-, Gemüseladen
το πορτοκάλι -α	Orange
το μήλο-α	Apfel
α, ναι	ach ja
το αχλάδι -α	Birne
είναι ζουμερά;	sind sie saftig?
ζουμερός -ό-ή	saftig
ντομάτες ώριμες	reife Tomaten
ώριμος -ο-η	reif
σας αρέσουν	sie gefallen euch, Ihnen
μεγάλες μελιτζάνες	große Auberginen
η μελιτζάνα -ες	Aubergine
πάρτε μόνος σας	nehmt, nehmen Sie selbst
πόσο κοστίζουν όλα μαζί;	wieviel kostet alles zusammen?
τώρα	jetzt
πέρασε πάλι το πεντακοσάρικο	es kostet schon wieder 500 Dr.
πάλι	wieder
το πεντακοσάρικο -α	Fünfhunderterschein
στο καλό	(Verabschiedungsformel)
το χαρτονόμισμα -τα	Geldschein
το πενηντάρικο -α	Fünfzigdrachmenschein
το κατοστάρικο -α	Hundertdrachmenschein

το χιλιάρικο -α	Tausenddrachmenschein
οι	die (best. Artikel im Fem., Nom., Plur.)
τις	die (best. Artikel im Fem., Akk., Plur.)

12 ΤΑ ΚΑΤΑΣΤΗΜΑΤΑ

το κατάστημα-τα	Geschäft
μπορώ να αγοράσω	ich kann kaufen
το ψωμί -ά	Brot
να	schau; hier; nimm
στο φούρνο	beim Bäcker, in der Bäckerei
ο φούρνος-οι	Bäckerei; Backofen (Dhimotiki)
το μπακάλικο -α	Lebensmittelgeschäft
παρακαλώ, τίποτε	bitte, nichts zu danken
το αρτοποιείο -α	Bäckerei (Katharevusa)
το κρεοπωλείο -α	Metzgerei
το παντοπωλείο -α	Lebensmittelgeschäft (Katharevusa)
το οπωροπωλείο-α	Obst- und Gemüseladen (Katharevusa)
η αγκινάρα -ες	Artischocke
το λάχανο -α	Kraut
το λεμόνι-α	Zitrone
το σύκο-α	Feige
το ροδάκινο -α	Pfirsich
το βερίκοκο -α	Aprikose
το κεράσι -α	Kirsche
το λάδι-α	Öl
το βούτυρο-α	Butter
το αυγό -ά	Ei
το γάλα-τα	Milch
η μαρμελάδα	Marmelade
το σαλάμι-α	Salami
η σκόνη-ες πλυσίματος	Waschpulver
το φιστίκι -α	Erdnuß
το χαρτί-ά υγείας	Toilettenpapier
ο κιμάς-δες	Hackfleisch
το γιαούρτι-α	Joghurt
το γραμμάριο -α	Gramm

το μπουκάλι-α	Flasche
το κομμάτι -α	Stück
ο βάζος-οι	Glasgefäß
το τυρί φέτα	Schafskäse

13 ΕΝΑΣ ΠΕΡΙΠΑΤΟΣ

ο περίπατος-οι	Spaziergang
ο μπάρμπας-δες	alter Mann
γεια χαρά	(Begrüßungsformel)
με τα πόδια	zu Fuß
το πόδι-α	Fuß
στο Μελιδόνι	nach Melidoni (Name eines Dorfes)
το Μελιδόνι	(im Griechischen steht vor Dörfer- und Städtenamen der best. Artikel)
μα	aber
κάνει ζέστη	es ist warm
ζεστός-ό-ή	warm
ελάτε να φάτε	kommt und eßt, kommen Sie und essen Sie
κάτω από	unterhalb von
η ελιά-ές	Olivenbaum
νόστιμος-ο-η	schmackhaft
το αμπέλι-α	Weinberg
στο περιβόλι	im Obstgarten
το περιβόλι-α	Obstgarten
το καλοκαίρι-α	Sommer; im Sommer
ωραίος-ο-α	schön; gut
ο ελαιώνας -ες	Olivenhain
πολλή δουλειά	viel Arbeit
η δουλειά-ές	Arbeit
τι να κάνουμε	was sollen wir machen
έτσι είναι	so ist es
όποιος-ο-α	derjenige, dasjenige, diejenige
η σιγουριά-ές	Sicherheit
αλλά	aber
πράγματι	tatsächlich
για	für

για το Μελιδόνι	nach (für) Melidoni
η αλήθεια -ες	Wahrheit
περίπου	ungefähr
το χιλιόμετρο-α	Kilometer
το εκκλησάκι-α	Kapelle
το μονοπάτι-α	kleiner Weg
δίπλα στο ποτάμι	neben dem Fluß
το ποτάμι-α	Fluß
ας πάμε	laß uns gehen
να πάτε	nun geht
παιδιά μου	meine Kinder
το χωριό-ά	Dorf
το βουνό-ά	Berg
η λίμνη-ες	See
η καπνοβιομηχανία-ες	Tabakfabrik
η καλλιέργεια-ες βαμβακιού	Baumwollanbau
η σταφυλοβιομηχανία-ες	Traubenverpackungsfabrik
το διυλιστήριο-α πετρελαίου	Ölraffinerie

14 ΣΤΟ ΤΑΧΥΔΡΟΜΕΙΟ

στο ταχυδρομείο	auf der Post
ο υπάλληλος-οι	Beamter; Angestellter
μου δίνετε	gebt, geben Sie mir
το γράμμα-τα	Brief
το εσωτερικό	Inland
το εξωτερικό	Ausland
ποιος, ποιο, ποια	wer; welcher, welches, welche
το κράτος-η	Staat
η Δυτική Γερμανία	Westdeutschland, Bundesrepublik
ένα γραμματόσημο των δεκαεπτά δραχμών	eine Siebzehn-Drachmen-Briefmarke
θέλω να στείλω	ich möchte schicken
η Αυστρία	Österreich
τι	welche (was)

κυρία μου	meine Frau, Dame
δώστε μου	gebt, geben Sie mir
το γραμματοκιβώτιο-α	Briefkasten
δώστε...στην κυρία	gebt, geben Sie der Frau...
δώστε...στον κύριο Γιάννη	gebt, geben Sie dem Herrn Jannis ...
η Ρωσία	Rußland
η Ρουμανία	Rumänien
η Γιουγκοσλαβία	Jugoslawien
η Γαλλία	Frankreich
η Σουηδία	Schweden
η Αγγλία	England
η Ιταλία	Italien
η Ελβετία	Schweiz
η Τουρκία	Türkei
η Πορτογαλλία	Portugal

15 ΣΤΟΝ Ο.Τ.Ε.

στον Ο.Τ.Ε.	im Telefonamt
θέλω να κάνω	ich möchte machen
το τηλεφώνημα-τα	Telefongespräch
σε ποια	in welche
η πόλη-εις	Stadt
στο θάλαμο	in die Telefonzelle
ο θάλαμος-οι	Telefonzelle
στο τέλος	zum Schluß
το τέλος	Schluß
πάρτε ... τον αριθμό σας	wählt eure, wählen Sie Ihre Nummer
δυστυχώς	leider
η γραμμή δεν ανοίγει	keinen Anschluß
η γραμμή-ές	Leitung
ανοίγω	öffnen
ξαναπάρτε	wählt, wählen Sie noch einmal
ξαναπαίρνω	nochmals wählen
μερικές φορές	einige Male
η φορά-ές	Mal

ακόμη	immer noch
διέκοψε	es ist unterbrochen worden (Aorist)
διακόπτω	unterbrechen
αχ, τι κρίμα	ach, wie schade
εμπρός	hallo (vorwärts)
στο τηλέφωνο	am Telefon
το τηλέφωνο-α	Telefon
αυτή τη στιγμή	im Augenblick
θα ήθελα τον ίδιο	ich hätte gern ihn selbst . . .
θέλω	mögen; wollen
αργότερα	später
λέγετε	sprecht, sprechen Sie; sagt, sagen Sie
λέω (ή λέγω)	sprechen; sagen
περιμένετε να σας συνδέσω	wartet, warten Sie, ich verbinde
συνδέω	verbinden
μπορώ να μιλήσω	kann ich sprechen
μιλώ	sprechen
λάθος κάνατε	ihr habt euch, Sie haben sich verwählt
κάνω	machen
το λάθος-η	Fehler
τι αριθμό τηλεφώνου	welche Telefonnummer
ο αριθμός-οί τηλεφώνου	Telefonnummer
πάλι μιλάει	es wird wieder gesprochen; es ist besetzt
πάρε το Γιώργο τηλέφωνο	ruf den Jorgos an
παίρνω	nehmen; wählen
δεν απαντάει	er hebt nicht ab (er antwortet nicht)
απαντώ	antworten
μηδέν	Null

16 ΣΤΟ ΞΕΝΟΔΟΧΕΙΟ

στο ξενοδοχείο	im Hotel
το ξενοδοχείο -α	Hotel
το δωμάτιο -α	Zimmer
με ζεστό-κρύο νερό	mit warmem und kaltem Wasser
ζεστός-ό-ή	warm

κρύος-ο-α	kalt
το ντουζ-	Dusche
το μπάνιο-	Bad
η τουαλέτα -ες	Toilette
μικρός-ό-ή	klein
ήσυχος-ο-η	ruhig
το κλειδί -ά	Schlüssel
καλόν ύπνο	schlafen Sie gut
δίκλινο δωμάτιο	Zweibettzimmer
η (η)μέρα -ες	Tag
η (ε)βδομάδα -ες	Woche
μεγάλος-ο-η	groß
με θέα προς τη θάλασσα	mit Blickrichtung auf's Meer
η θέα	Blick
προς	in Richtung
η θάλασσα-ες	Meer
μόνο	nur
ακριβός-ό-ή	teuer
φθηνός-ό-ή	billig
ενοικιάζονται	werden vermietet
σπασμένος -ο-η	gebrochen
η λάμπα-ες	Lampe
χαλασμένος-ο-η	kaputt, entzwei
βουλωμένος-ο-η	verstopft
η ντουλάπα -ες	Schrank
το κρεβάτι-α	Bett
θαυμάσια	wunderbar
μονόκλινο δωμάτιο	Einbettzimmer
ο κατάλογος-οι τιμών	Preisliste
γιατί	warum (auch: *weil.* Im Griechischen gibt es für *warum* und *weil* nur ein Wort.)

17 ΖΗΤΕΙΤΑΙ - ΕΝΟΙΚΙΑΖΕΤΑΙ

ζητείται	wird verlangt
ενοικιάζεται	wird vermietet
πρέπει να μείνει	er muß bleiben

για πολύ καιρό	für längere Zeit
ο καιρός	Zeit
πρέπει να νοικιάσει	er muß mieten
το διαμέρισμα-τα	Wohnung
μέσα	innerhalb, in
συγνώμη για την ενόχληση	entschuldigen Sie die Störung
η ενόχληση-εις	Störung
για νοίκιασμα	zu vermieten
το ενοίκιο-α	Miete
ο μήνας-ες	Monat
από πότε	ab wann
μπορώ να το δω	kann ich es sehen
το όνομα -τα	Name
από το(ν) . . . μέχρι το(ν)	von . . . bis
το αυτοκίνητο -α	Auto
η βάρκα -ες	Boot
το ποδήλατο -α	Fahrrad
ο γάιδαρος -οι	Esel
η μοτοσικλέτα -ες	Motorrad
η τσάντα -ες	Tasche
το σαλόνι -α	Wohnzimmer
ο διάδρομος -οι	Gang
η κρεβατοκάμαρα-ες	Schlafzimmer
η τραπεζαρία -ες	Eßzimmer
η τηλεόραση-εις	Fernseher
το ραδιόφωνο-α	Radioapparat
το (ω)ρολόγι-α	Uhr

18 ΤΗΝ ΚΥΡΙΑΚΗ

την Κυριακή	am Sonntag
η Κυριακή-ές	Sonntag
για μπάνιο	zum Schwimmen
το μπάνιο -	Schwimmen; Badezimmer
αύριο	morgen

άλλη φορά	ein anderes Mal
άλλος-ο-η	anderer, anderes, andere
το αυτοκίνητό μου	mein Auto
θα κάνουμε μπάνιο	wir werden baden
θα έχουμε καλή παρέα	wir werden in netter Gesellschaft sein
καλός-ό-ή	schön; gut
η παρέα-ες	Gesellschaft
θα φάμε	wir werden essen
θα πιούμε	wir werden trinken
θα πάμε	wir werden gehen
θα δούμε	wir werden sehen
η βόλτα-ες	Spaziergang, Spazierfahrt
το βράδυ-ια	Abend; am Abend
φίλε μου	mein Freund
ο φίλος-οι	Freund
άντε	los (Ausruf der Aufforderung)
θα έρθεις	du wirst kommen
και γιατί, όχι;	warum nicht?
θα σε περιμένουμε στο σπίτι του Μανόλη	wir werden auf dich beim Manoli warten
ποιος θα είναι άλλος;	wer wird sonst noch da sein?
εμείς κι εμείς	unter uns (wir und wir)
δηλαδή	beziehungsweise; das heißt
πρέπει να πάρω	ich muß mitnehmen
ο αδελφός-οί	Bruder
μαζί	zusammen; mit
ωχ	ach (Ausruf der Enttäuschung)
γρήγορα	schnell
έτοιμος-ο-η	fertig
η Δευτέρα-ες	Montag
η Τρίτη-ες	Dienstag
η Τετάρτη-ες	Mittwoch
η Πέμπτη-ες	Donnerstag
η Παρασκευή-ές	Freitag
το Σάββατο-α	Samstag
του	des (best. Artikel im Mask., Gen., Sing.)
της	der (best. Artikel im Fem., Gen., Sing.)
η πετσέτα-ες	Handtuch

το καλάθι με τα φαγητά	der Korb mit dem Essen
το καλάθι-α	Korb
το μαγιό-	Badeanzug, Badehose
τα γυαλιά	Brille

19 ΔΙΑΚΟΠΕΣ ΣΤΗΝ ΕΛΛΑΔΑ

οι διακοπές	Ferien
το ταξίδι -α	Reise
σχεδόν	fast
η άδεια	Urlaub (Erlebnis)
από τις ... μέχρι τις	von ... bis
πρωί-πρωί	sehr früh
επίσης	auch
φέτος	dieses Jahr
πολλές ημέρες	viele Tage
θα περάσετε σίγουρα ...	ihr werdet, Sie werden sicher ... verbringen
περνώ	verbringen
πρέπει να πάω για ψώνια	ich muß zum Einkaufen gehen
το μαγαζί -α	Geschäft
ουφ	ach (Ausruf des Zweifels)
το δώρο -α	Geschenk
τι να ψωνίσω;	was soll ich einkaufen?
μάλλον	vielleicht
η ζακέτα -ες	Jacke
η γιαγιά -δες	Großmutter
το φόρεμα -τα	Kleid
η αδελφή -ές	Schwester
η μπλούζα -ες	Bluse
η μητέρα -ες	Mutter
η μαμά-δες	Mama
το ζευγάρι-α	Paar
το παπούτσι-α	Schuhe
ο παππούς -δες	Großvater
η θεία -ες	Tante
ο θείος -οι	Onkel
καλές διακοπές	einen schönen Urlaub

ευχαριστώ επίσης	danke ebenfalls
το αεροπλάνο-α	Flugzeug
το τρένο-α	Zug
το λεωφορείο-α	Bus
το καράβι-α	Schiff
ο Βόλος	Volos (Stadt in Mittelgriechenland)
ο Πειραιάς	Piräus (Stadt in Südgriechenland)
ο Πολύγυρος	Poligiros (Stadt in Nordgriechenland)
ο Τύρναβος	Tyrnavos (Stadt in Mittelgriechenland)
το Ρέθυμνο	Rethymnon (Stadt auf Kreta)
το Ηράκλειο	Heraklion (Stadt auf Kreta)
το Λιτόχωρο	Lithochoro (Ort in Mazedonien)
η Ήπειρος	Epirus (Gebiet in Nordwestgriechenland)
η Μακεδονία	Mazedonien (Gebiet in Nordgriechenland)
η Θράκη	Thrazien (Gebiet in Nordostgriechenland)
η Θεσσαλία	Thessalien (Gebiet in Mittelgriechenland)
Στερεά Ελλάδα	Mittelgriechenland
η Εύβοια	Euböa (Gebiet in Mittelgriechenland)
η Πελοπόννησο	Peleponnes (Gebiet in Südgriechenland)
η Κρήτη	Kreta (Insel)
η Χαλκιδική	Chalkidiki (Gebiet in Nordgriechenland)
η Αθήνα	Athen
η Θεσσαλονίκη	Thessaloniki (Stadt in Nordgriechenland)
η Πάτρα	Patras (Stadt in Südgriechenland)
η Λάρισα	Larissa (Stadt in Mittelgriechenland)
τα Χανιά	Chania (Stadt auf Kreta)
τα Ιωάννινα	Ioaninna (Stadt in Nordgriechenland)
τα Γρεβενά	Grevena (Stadt in Nordwestgriechenland)
τα Τρίκαλα	Trikala (Stadt in Mittelgriechenland)
ο συγγενής-είς	Verwandter
ο γιος-οι	Sohn
ο κόρη-ες	Tochter
θα πάτε	ihr werdet, Sie werden gehen, fahren
ο πατέρας-ες	Vater
ο μπαμπάς-δες	Papa
το μίξερ-	Mixer
το ράδιο-α	Radio
το κασετόφωνο-α	Kassettenrekorder

20 ΕΝΑ ΤΑΞΙΔΙ ΜΕ ΤΟ ΛΕΩΦΟΡΕΙΟ

η στάση του λεωφορείου	Bushaltestelle
του	des (best. Artikel im Neutr., Gen., Sing.)
στις … η ώρα	um … Uhr
η ώρα-ες	Stunde; Uhr
μπορούμε να αγοράσουμε	wir können kaufen
το εισιτήριο-α	Fahrkarte
το λεπτό-ά	Minute
από πού είστε;	von wo seid ihr, sind Sie?
εδώ και πολλά χρόνια	seit vielen Jahren
πολύς, πολύ, πολλή	viel
ο χρόνος- τα χρόνια	Jahr
έχετε μέρες στ …;	seid ihr, sind Sie schon länger …?
παντρεμένος-ο-η	verheiratet
ο άντρας-ες	Mann
να κάνετε	ihr sollt machen, Sie sollen machen
η δασκάλα-ες	Lehrerin
πώς το λένε;	wie heißt es?
όμορφος-ο-η	hübsch
φωνάζει	sie schreit, ruft
φωνάζω	schreien, rufen
καλό ταξίδι	gute Reise
τι ώρα …;	wieviel Uhr …?
στις έντεκα και μισή	um halb zwölf
τα μεσάνυχτα	Mitternacht
αργά	spät
είναι μία παρά τέταρτο	es ist Viertel vor eins
το τέταρτο-α	Viertel
παρά	vor
το πρωί-νά	Morgen, am Morgen
το απόγευμα-τα	Nachmittag, am Nachmittag
η φίλη-ες	Freundin
η γυναίκα-ες	Frau
ο δάσκαλος-οι	Lehrer
ο χωροφύλακας -ες	Polizist
η νοσοκόμα -ες	Krankenschwester
ο γιατρός -οί	Arzt

ο έμπορας -ες	Kaufmann
η γραμματέα -είς	Sekretärin
ο μηχανικός αυτοκινήτων	Automechaniker
ο μηχανικός-οί	Mechaniker
ο κτίστης-ες	Maurer
το γραφείο-α	Büro
το συνεργείο-α αυτοκινήτων	Autowerkstatt
ΚΤΕΛ	Busunternehmen in Griechenland
η έδρα-ες	Standort
τα χειμερινά δρομολόγια	Winterfahrplan
η γραμμή-ές	Linie
ισχύοντα	gültig
νέος-ο-α	neu
παλαιός-ό-ά	alt

21 ΣΙΓΑ - ΣΙΓΑ

σιγά-σιγά	langsam, langsam
τι λέτε;	was sagt ihr, sagen Sie?
λέω	sagen
μη λέτε ψέματα	lügt, lügen Sie nicht (sagt, sagen Sie keine Lüge)
πολλές ώρες	viele Stunden
μην κάνετε τόση φασαρία	macht nicht, machen Sie nicht so viel Lärm
κάνω	machen
η φασαρία-ες	Lärm
με τη σειρά	nach der Reihe
η σειρά-ές	Reihe
φύγε	verschwinde
φεύγω	verschwinden
η θέση-εις	Platz
ακόμη	noch
μην καπνίζετε	raucht, rauchen Sie nicht
καπνίζω	rauchen
μη φάτε	eßt, essen Sie nicht
τρώω	essen
μην πιείτε	trinkt, trinken Sie nicht

πίνω	trinken
μην κάθεστε όλη την ημέρα στον ήλιο	sitzt, sitzen Sie nicht den ganzen Tag an der Sonne
κάθομαι	sitzen
μη μιλάτε	sprecht, sprechen Sie nicht
μιλώ	sprechen
μην πάτε	geht, gehen Sie nicht
πάω (ή πηγαίνω)	gehen

22 ΣΤΟ ΣΥΝΕΡΓΕΙΟ ΑΥΤΟΚΙΝΗΤΩΝ

στο συνεργείο αυτοκινήτων	in der Autowerkstatt
επιτέλους	endlich
τι συμβαίνει;	was ist los
δεν παίρνει μπρος	er startet nicht
μπρος	vorwärts
η μηχανή-ές	Motor; Maschine
καινούργιος-ο-α	neu
για να δούμε	laß uns nachschauen
βλέπω	sehen
στο βενζινάδικο	an der Tankstelle
το βενζινάδικο-α	Tankstelle
ας λέμε καλά	es geht so (sagen wir gut)
η βενζίνη απλή	Normalbenzin
απλός-ό-ή	einfach
κοίταξε τα λάδια	schau nach dem Öl
κοιτάζω	schauen
το λάδι-α	Öl
το λάστιχο-α	Reifen; Schlauch
αρκετός-ό-ή	genug
ο αέρας	Luft; Wind
τζάμπα	umsonst
το ταξιδάκι-α	kleine Reise
το φως-τα	Licht
ο φούρνος-οι	Ofen

η φωτιά-ές	Feuer
η πόρτα-ες	Tür
το παράθυρο-α	Fenster
το πορτ-μπαγκάζ-	Gepäckraum
η τσάντα-ες	Tasche
η βαλίτσα-ες	Koffer
μια χαρά	eine Freude
έτσι κι έτσι	so und so
όχι και τόσο καλά	nicht so sehr gut
άσχημα	schlecht

23 ΚΑΛΩΣ ΟΡΙΣΕΣ

καλώς όρισες	willkommen
καλώς σας βρήκα	(Begrüßungsformel des Ankommenden)
βρίσκω	finden
πώς πάει;	wie geht's?
πάω	gehen
όλοι	alle
μόλις χτες	gerade gestern
χτες	gestern
ε	(Ausruf, um eine Frage zu betonen)
αυτή τη φορά	dieses Mal
πάντα	immer
σοβαρά	im Ernst
τα χρόνια	Jahre
φτάνει	es reicht
φτάνω	ausreichen; ankommen
έχεις δίκιο	du hast recht
το δίκιο	Recht
το παλληκάρι-α	(In Griechenland ein Mann mit vielen positiven Eigenschaften. Im weiteren Sinne bedeutet das Wort *Held.*)
η καλοπέραση	Müßiggang
τουλάχιστον	mindestens
κάπου αλλού	irgendwo anders
κάτι άλλο	irgend etwas anderes

η ζωή-ές	Leben
αλλά μια ζωή την έχουμε	aber wir haben nur ein Leben
θα μείνετε ...	ihr werdet, Sie werden verbringen

24 ΤΑ ΡΟΥΧΑ

τα ρούχα	Kleidung
στα καταστήματα	in die Geschäfte
πολύ καιρό	viel Zeit
βιαστικός-ό-ή	eilig
δεν της/του αρέσει	es gefällt ihr, ihm nicht
πλέον	mehr
γιατί	warum; weil
το κατάστημα -τα νεωτερισμών	Bekleidungsgeschäft
η πωλήτρια-ες	Verkäuferin
στενός-ό-ή	eng
πολύ φαρδύ	zu weit
φαρδύς-ύ-ιά	weit
το μέγεθος-η	Größe
το χρώμα-τα	Farbe
κόκκινος-ο-η	rot
η φούστα -ες	Rock
το πουλόβερ-	Pullover
το παλτό -ά	Mantel
το παντελόνι -α	Hose
η κιλότα -ες	Damenunterhose
το σουτιέν -	Büstenhalter
η κάλτσα -ες	Socke; Strumpf
το πουκάμισο -α	Hemd
το φανελάκι -α	Herrenunterhemd
το σώβρακο -α	Herrenunterhose
το σακκάκι -α	Jackett
κοντός, -ό, -ή	kurz
μικρός, -ό, -ή	klein
μακρύς, -ύ, -ιά	lang

άσπρος, -ο, -η	weiß (einige Farbbezeichnungen werden im Griechischen gebeugt)
κίτρινος, -ο, -η	gelb
πορτοκαλί	orange
ροζ	rosa
μοβ	lila
γαλάζιος, -ο, -α	blau
μπλε	dunkelblau
πράσινος, -ο, -η	grün
καφέ	braun
γκρίζος, -ο, -α	grau
μαύρος, -ο, -η	schwarz

25 ΕΥΧΕΣ

η ευχή-ές	Wunsch
Καλό Πάσχα	frohe Ostern
Χριστός Ανέστη	Christus ist auferstanden
Αληθώς Ανέστη	Christus ist auferstanden
Καλά Χριστούγεννα	frohe Weihnachten
Ευτυχισμένος ο καινούργιος χρόνος	ein gutes neues Jahr
Χρόνια Πολλά	alles Gute (viele Jahre)
εις υγείαν	auf die Gesundheit (Trinkspruch)
γεια(σου/σας)μας	auf die Gesundheit (auf deine/eure, Ihre, unsere Gesundheit: Trinkspruch)
αγαπητός-ό-ή	lieber, liebes, liebe
εύχομαι	wünschen
με αγάπη	in Liebe
η αγάπη-ες	Liebe
αγαπημένος-ο-η	lieber, liebes, liebe
σου εύχομαι	ich wünsche Dir
το φιλί-ά	Kuß

26 ΕΛΛΗΝΙΚΗ ΦΙΛΟΞΕΝΙΑ

η φιλοξενία	Gastfreundschaft
πρέπει να πάω	ich muß gehen
πάω (ή πηγαίνω)	gehen
να σε κεράσω	ich spendiere dir
κερνώ	spendieren
να πιούμε	laß uns trinken
πίνω	trinken
κάτι	etwas
βρε, Μιχάλη	(βρε ist eine Abkürzung von μωρέ, sinngem. *Kind.* Das Wörtchen wird in der griechischen Umgangssprache sehr häufig benützt, wenn man zu einer bekannten Person spricht. Es kann einen leicht negativen Klang haben.)
η ρακή-ές	Raki (Schnaps)
το μεζεδάκι-α	Häppchen
απόψε	heute abend
Αη-Γιάννη	Heiliger Johannes (Name eines Dorfes)
το πανηγύρι-α	Dorffest
θα περάσουμε πολύ ωραία	wir werden eine schöne Zeit verbringen
περνώ	verbringen
θα γλεντήσουμε	wir werden feiern
γλεντώ	feiern
θα χορέψουμε	wir werden tanzen
χορεύω	tanzen
α, μπα	ach was
καλύτερα	besser
τρελός-ό-ή	verrückt
για ύπνο	zum Schlafen
ο ύπνος	Schlaf
να πληρώσω	ich möchte bezahlen
πληρώνω	bezahlen
να πάρουμε;	sollen wir ... mitnehmen?
παίρνω	nehmen
ο κουμπάρος-οι	Trauzeuge
στολίζεται	macht sich schön

στολίζομαι	sich schön machen
θα περάσουμε	wir werden durchfahren
να σου πω	ich möchte dir etwas sagen
λέω	sagen
αστείος-ο-α	lustig
είναι στο δρόμο;	liegt es am Weg?
να μην αργήσουμε;	verspäten wir uns nicht?
αργώ	sich verspäten
ως τις	bis
ώπα	(Aufforderungsruf)

27 ΜΟΥ ΠΟΝΑΕΙ ΤΟ ΚΕΦΑΛΙ ΜΟΥ

μου πονάει	mir tut weh
πονάω	weh tun
περάστε μέσα	kommt, kommen Sie herein
περνώ μέσα	hereinkommen
ασφαλισμένος-ο-η	versichert
Ι.Κ.Α. (ίδρυμα κοινωνικών ασφαλίσεων)	Sozial- und Krankenversicherung (in Griechenland)
νιώθω	fühlen
γιατρέ	Doktor (Anredeform von γιατρός)
ο γιατρός-οί	Arzt
άρρωστος-ο-η	krank
ο πυρετός	Fieber
η διάρροια	Durchfall
για να σας εξετάσω	lassen Sie sich untersuchen
εξετάζω	untersuchen
η συνταγή-ές	Rezept
το φάρμακο-α	Medikament
αγοράστε	kauft, kaufen Sie
το φαρμακείο-α	Apotheke
ξαπλώστε	legt, legen Sie sich hin
ξαπλώνω	sich hinlegen
μερικές ώρες	einige Stunden
το μάτι-α	Auge
το αυτί-ά	Ohr

το στόμα-τα	Mund
το δόντι-α	Zahn
ο λαιμός-οί	Hals
το χέρι-α	Hand
το στήθος-η	Brust
το στομάχι-α	Magen
η κοιλιά-ές	Bauch
ο μηρός-οί	Schenkel
το γόνατο-α	Knie
το πόδι-α	Fuß
ο κώλος-οι	Gesäß

28 ΤΙ ΩΡΑΙΑ

τι ωραία	wie schön
δεν κάνει ανυπόφορη ζέστη	es ist nicht unerträglich heiß
ανυπόφορος-ο-η	unerträglich
η θάλασσα είναι λάδι	das Meer ist wie Öl
το κύμα ήταν άγριο	der Wellengang war stark
άγριος-ο-α	stark; wild
όμως	aber
ο καιρός	Wetter
ωραιότερος-ο-η	schöner
από χτες	als gestern
η αλήθεια-ες	Wahrheit
αλήθεια	wahr
τι ωραίος ήλιος	welch schöne Sonne
έβγαλε	hat herausgetan (Aorist)
βγάζω	heraustun
τρομερός-ό-ή	furchtbar
κάθε καλοκαίρι	jeden Sommer
η ακροθαλασσιά-ές	Strand
πιο βρώμικη	schmutziger
βρώμικος-ο-η	schmutzig
για δες	sieh mal
βλέπω	sehen

το μπουκάλι-α νάυλον-	Plastikflasche
η σακούλα-ες	Plastiktüte
πλαστική-ές	
η πίσσα	Teer
αρκετή πίσσα	genug Teer
η παντούφλα-ες	Pantoffel
πρέπει να λάβουμε μέτρα για την προστασία της φύσης	wir müssen Maßnahmen zum Schutz der Natur ergreifen
λαμβάνω μέτρα	Maßnahmen ergreifen
η προστασία της φύσης	Naturschutz
προπαντός	vor allem
το εργοστάσιο-α	Fabrik
η αποχέτευση	Kanalisation
το σκουπίδι-α	Abfall
κάθε μέρα	jeden Tag
η βρωμιά-ές	Schmutz
προέρχεται	es kommt von
προέρχομαι	kommen von
οι νόμοι γίνονται από χρόνια	seit Jahren werden Gesetze erlassen
ο νόμος-οι	Gesetz
γίνομαι	werden
το τεχνικό σύστημα-τα	technisches System
σχεδιάζεται	wird geplant
σχεδιάζομαι	planen
πετάς	du wirfst
πετώ	werfen
το κύπελλο-α	Becher
ο σκουπιδοτενεκές-δες	Abfalleimer
ούτε	auch nicht
τα σκατά	Mist, Dreck (umgangssprachl.: Scheiße)

29 ΤΟΥΡΙΣΤΕΣ ΤΟΥΡΙΣΤΕΣ

ο τουρίστας-ες	Tourist
να πας να βάλεις τα ρούχα σου	geh und zieh dich an
βάζω τα ρούχα μου	sich anziehen
ντρέπομαι	sich schämen
γυμνός-ό-ή	nackt
άστη	laß sie
αφήνω	lassen
ο γέρος-οι	alter Mann
όμορφος-ο-η	hübsch
όλα τα καλά τα έχει	alles Schöne hat sie
δεν φοβάται	fürchtet sich nicht
φοβάμαι	sich fürchten
δείχνει	zeigt
δείχνω	zeigen
όπως	wie
η Αφροδίτη	Venus
πάει μας κατέστρεψε	geh, der Tourismus zerstört uns
αυτός ο τουρισμός	Tourismus
καταστρέφω	zerstören
έσωσε	hat gerettet (Aorist)
σώζω	retten
ότι	daß
έφερε	hat gebracht (Aorist)
φέρνω	bringen
το δισεκατομμύριο-α	Milliarde
το αμερικάνικο δολλάριο	US-Dollar
το δολλάριο-α	Dollar
το συνάλλαγμα	Devisen
η εισαγωγή-ές ξένων προϊόντων	Einfuhr ausländischer Produkte
το προϊόν-τα	Produkt
εκτός	außerdem
καθαρός-ό-ή	sauber
η φύση	Natur
οι αρχαιολογίες	archäologische Funde

σώπα	sei ruhig, schweig
σωπαίνω	schweigen
από τότε	seitdem
κάνω χρυσές δουλειές	ich mache gute Geschäfte
σε λίγα χρόνια	in ein paar Jahren
η σκιά-ές	Schatten
η διασκέδαση-εις	Vergnügen
η ησυχία	Ruhe
η κούραση	Müdigkeit
κάτι πρέπει να αλλάξει	etwas muß sich ändern
αλλάζω	ändern; wechseln; tauschen

30 ΚΑΛΗΜΕΡΑ

κοιμηθήκατε	ihr habt, Sie haben geschlafen (Aorist)
κοιμάμαι	schlafen
κουρασμένος-ο-η	müde
φυσικά	natürlich
ο κόκκορας-ες	Hahn
ξυπνά	er wacht auf
ξυπνώ	aufwachen; aufwecken
πολύ νωρίς	sehr früh
το ξυπνητήρι-α	Wecker
ενόχλησε	hat gestört (Aorist)
ενοχλώ	stören
του χρόνου	nächstes Jahr
αν έρθετε	wenn ihr kommt, Sie kommen
έρχομαι	kommen
πιο άνετα	bequemer
άνετος-ο-η	bequem
η Αυστραλία	Australien
για πάντα	für immer
πίσω	zurück
θα γκρεμίσουμε	wir werden abreißen
γκρεμίζω	abreißen
παλιός-ό-ά	alt
θα χαλάσουμε	wir werden kaputt machen, zerstören

χαλώ	kaputt machen, zerstören
ο κήπος-οι	Garten
θα κτίσουμε	wir werden bauen
κτίζω	bauen
ο όροφος-οι	Stockwerk
το καλοριφέρ -	Zentralheizung
η άνεση-εις	Bequemlichkeit
λυπάμαι	tut mir leid
καημένος-ο-η	arm
το ζώο-α	Tier
το λουλούδι-α	Blume
η αυλή-ές	Hof
τόσο πολύ	so viel
αγαπώ	lieben
αφού	nachdem
νοικιάζοντας	vermietend
στους	an die

Erklärung der im Lehrwerk verwendeten grammatikalischen Begriffe*

Begriff	Erklärung	Beispiel
Adjektiv	Eigenschaftswort	gut, schön, schlecht ...
Adjektivdeklination	Beugung des Adjektivs	das gute Buch, des guten Buches, dem guten Buch, das gute Buch
Adverb	Umstandswort	dort, hier, eigentlich ...
Akkusativ	4. Fall., Wenfall	Ich lese *ein gutes Buch.*
Aktiv	Tatform des Verbes	Ich *lese* eine Zeitung.
Artikel	Geschlechtswort	
(bestimmter)		der, die, das
(unbestimmter)		ein, eine, ein
Aorist	Vergangenheitsform des Verbes	(Diese Vergangenheitsform gibt es im Deutschen nicht.)
Dativ	3. Fall, Wemfall	Er gibt *dem Mädchen* das Buch.
Deklination	Beugung des Substantivs, Adjektivs, Pronomens und Zahlwortes	das Buch, des Buches, dem Buch, das Buch, das gute Buch usw. (siehe Adjektivdekl.)
Demonstrativpronomen	hinweisendes Fürwort	dieser, jener
Femininum	weiblich	die Tür
Fragepronomen	Fragefürwort	wer, wen, was, wie, wo?
Futur	Zukunftsform des Verbes	Ich *werde* Griechisch *lernen.*
Genitiv	2. Fall, Wesfall	das Buch *des Mannes*
Genus	grammatikalisches Geschlecht	Maskulinum, Femininum, Neutrum
Grundzahl	Zahlwort	eins, zwei, drei ...
Hilfsverb	haben, sein	Ich *habe* Griechisch gelernt. Ich *bin* zu Hause.
Imperativ	Befehlsform des Verbes	Geh weg!

* Die Begriffe werden an Hand von deutschen Beispielen erklärt, um das Verständnis zu erleichtern.

Imperfekt	Vergangenheitsform des Verbes	Er *las* das Buch.
Indikativ	Wirklichkeitsform des Verbes	Er *geht* weg.
Infinitiv	Grundform des Verbes	gehen, sitzen, arbeiten …
intransitives Verb	Verb, das kein Objekt hat	Die Blume blüht.
Kasus	Fall des Substantivs oder des Adjektivs	Nominativ, Genitiv, Dativ, Akkusativ, Vokativ
Komparativ	1. Steigerungsstufe des Adjektivs	schöner
Konjugation	Beugung des Verbes	gehen, ging, gegangen, ich gehe, du gehst …
Maskulinum	männlich	der Käse
Modus	Aussageweise (des Verbes)	Indikativ, Ypotaktiki, Imperativ, Infinitiv, Partizip
Negation	Verneinung	Ich lese *nicht.*
Neutrum	sächlich	das Kind
Nominativ	1. Fall, Werfall	*Das Kind* weint.
Objekt	Satzergänzung (Genitiv-, Dativ- und Akkusativobjekt)	Die Musik *Griechenlands* gefällt mir gut. Ich höre *sie* oft.
Ordnungszahl	Zahlwort	erstens, zweitens, drittens …
Partikel	Hilfs- und Stützwort	Adverbien, Präpositionen, Bindewörter
Partizip	Mittelwort	gefragt, fragend
Passiv	Leideform des Verbes	Das Buch *wird* von ihm *gelesen.*
Perfekt	Vergangenheitsform des Verbes	Ich *habe* das Buch *gelesen.*
Personalform des Verbes	1., 2. und 3. Person des Verbes im Singular und Plural	ich lese, du hast gelesen, wir werden lesen …
Personalpronomen	persönliches Fürwort	ich, du, er, sie, es, wir, ihr/Sie, sie
Plural	Mehrzahl	die Männer
Plusquamperfekt	Vergangenheitsform des Verbes	Ich *hatte* das Buch *gelesen.*

Positiv	ungesteigerte Form des Adjektivs	schön
Possessivpronomen	besitzanzeigendes Fürwort	mein, dein, sein ...
prädikativ	zur Satzaussage gehörend, aussagend	Ich bin *ein Esel.*
Präposition	Verhältniswort	an, auf, in ...
Präsens	Gegenwartsform des Verbes	ich lese
Pronomen	Fürwort	dieser, mein, ich ...
reflexives Verb	rückbezügliches Verb	ich wasche mich
reflexive Pronomen	rückbezügliches Fürwort	mich, sich ...
Relativpronomen	bezügliches Fürwort	Das Bild, *das* ich gemalt habe, gefällt mir.
Silbe	Lauteinheit innerhalb eines Wortes	An-na, Grie-chen-land
Singular	Einzahl	der Mann
Steigerung des Adjektivs	Positiv, Komparativ und Superlativ	schön, schöner, am schönsten
Subjekt	Satzgegenstand	*Frau Makridou* kauft Obst ein.
Substantiv	Hauptwort	Tisch
Superlativ	Höchststufe der Adjektivsteigerung	am schönsten
Tempus	Zeitform des Verbes (Gegenwart, Vergangenheit, Zukunft)	ich wasche mich, ich wusch mich, ich werde mich waschen
transitives Verb	Verb mit einem Objekt	Ich lese das Buch.
unpersönliches Verb	Verb, das nur in der 3. Person vorkommt.	Es regnet.
Verb	Tu- bzw. Zeitwort	lesen, schreiben ...
Vokativ	Anredeform des Substantivs	Du Vater ...,
Ypotaktiki	Modus des Verbes	(Diese Modusform gibt es im Deutschen nicht.)

Stichwortverzeichnis

Die fettgedruckten Zahlen verweisen auf die Grammatikzusammenfassung im Arbeitsbuch, die anderen Zahlen auf die Lektionsseiten im Lehrbuch, auf denen der Begriff auftaucht.